WIE SIE IHRE KATZE ZU EINEM INTERNET-STAR MACHEN

METROLIT

WIE SIE IHRE KATZE ZU EINEM INTERNET-STAR MACHEN UND DAMIT STINKREICH WERDEN

Von Patricia Carlin

mit Fotografien von Dustin Fenstermacher

Aus dem Amerikanischen von Clara Mihr

METROLIT VERLAG

Hinweis: Während der Entstehung dieses Buchs kamen weder Katzen noch Schmetterlinge, Welpen oder andere Lebewesen zu Schaden. Die Autorin und der Herausgeber billigen es in keiner Weise, wenn Tiere in Gefahr gebracht werden, auch wenn das lustig (oder finanziell lukrativ) scheint. Wir lieben Katzen!

INHALT

Nehmen Sie Ihr Schicksal in die Hand

Eines Tages, in vielen Jahren, werden Ihre Enkelkinder Sie nach dem Vermögen fragen, das Sie mit ihrer Internet-Katze gemacht haben. »Wo ist es, Omi?«, werden ihre zarten Stimmchen quietschen. »Und wann dürfen wir es ausgeben?« Werden Sie ihnen erzählen, dass Sie das Geld für ihre Ausbildung angelegt haben? Dass es in 1000-Dollar-Bündeln unter Ihrer Matratze gebunkert ist? Oder müssen Sie zugeben, dass Sie, obwohl Sie sowohl Katze als auch Computer besitzen, während dieses legendären, goldenen Zeitalters der Katzenvideos der einzige Depp auf der Welt waren, der daraus nicht Profit geschlagen hat?

Wenn Sie diese Frage mit »Ja« beantwortet haben, dann ist dieses Buch Ihr finanzieller Weckruf. Seit jeher finden Menschen Gefallen an Bildern von Katzen – von der Höhlenmalerei bis zur Erfindung der Fotografie. Heutzutage werden Katzenbilder und Videos dank Internet verbreitet wie nie zuvor, niemand kann ihnen entfliehen. Zeit, sich ein Stück von diesem Kuchen abzuschneiden! Das ist längst überfällig, denn während Sie durch die Welt gegangen sind, ohne von Ihrer Katze zu profitieren, war das Netz überfüllt mit Likes für Ceiling Cat, Maru, Li'l Bub und Grumpy Cat. Deren Besitzer haben das Leitprinzip der globalen Wirtschaft des 21. Jahrhunderts bereits verstanden. Es lässt sich in einem einzigen Satz zusammenfassen:

Keine Investition bringt mehr Rendite als Ihre Katze.

Sie glauben mir nicht? Werfen Sie einen Blick auf die gegenwärtige Wirtschaftslage und fragen Sie sich eines: Wo sonst bringt mein Geld einen höheren Ertrag? Auf dem Aktienmarkt? Ich bitte Sie. Anlagefonds? Sie wissen doch nicht mal, was das ist. Ein »Sparkonto«? Wer sind Sie? Ein Achtjähriger? Es wird Zeit, ernsthaft über Ihre Zukunft nachzudenken. Wenn Sie nicht jeden Cent investieren, um aus Ihrer Katze eine Internet-Sensation zu machen, schaufeln Sie sich ein finanzielles Loch, das eines Tages Ihr Grab sein wird.

Wahrscheinlich denken Sie jetzt: »Ich bin doch kein Aktieninvestor. Ich bin ein ganz normaler Depp, der seine Bankkarte immer verkehrt herum in den Automaten schiebt.«

Das mag ja stimmen, aber es gibt keinen Grund, auf die unfassbaren, unwahrscheinlichen Ergebnisse zu verzichten, die das angeborene,

NEHMEN SIE IHR SCHICKSAL IN DIE HAND

geldbringende Potenzial Ihrer Katze erzielen kann. Sie müssen dazu kein Finanzgenie à la Jimmy Buffett sein. Ihre Katze muss weder talentiert noch klug, ja nicht einmal schön anzusehen sein. Genau genommen können Sie die schlimmsten körperlichen Makel und Verhaltensauffälligkeiten Ihrer Katze vermarkten, um sie berühmt zu machen.

Es wird kein leichter Weg werden. Eigentlich ist es nicht einmal ein Weg, vielmehr eine Spur aus Urin, die man nur unter UV-Licht sieht.

Sie werden sich mit allerlei Ärgernissen herumschlagen müssen: Katzen-kratzkrankheiten, Katzenkämpfen, hochgewürgten Haarballen, dem Jaul-Syndrom. Und da Ihre Katze aller Wahrscheinlichkeit nach ein faules Wesen ist, das am liebsten schläft, werden Sie für sie mitarbeiten müssen, also doppelt so hart (was in der Summe viermal so hart bedeutet). Sie müssen Talentsucher, gerissener Produzent, kluger Regisseur, ein einigermaßen kompetenter Redakteur und ein Manager sein, der alle Kassenzettel aufbe-wahrt, damit Ihre Katze zum ertragreichen Internetphänomen oder auch Meme wird. Das ist definitiv viel Arbeit. Aber stellen Sie sich vor, wie Sie bei einer Cocktail-Party die Anzahl der Aufrufe Ihres neuesten Clips herunter-rattern, während sich die anderen Millionäre fassungslos an ihren Drinks festhalten. Das ist es absolut wert.

KAPITEL 1

WIE SIE IHREN STAR AUFBAUEN

Sie denken, Sie kennen Ihre Katze. Sind Sie sicher? Gerald Wenderson aus Bayonne, New Jersey, dachte, er würde sein Kätzchen Chalky ziemlich gut kennen. Aber als er eines Tages sah, wie seine pummelige, graue Kurzhaarkatze ein Schläfchen auf einer blauen Decke hielt, kam ihm eine Idee. Inzwischen ist Cloud Cat ein beliebtes Internet-Meme geworden und wird von Hong Kong bis Hackensack in den Himmel gephotoshopped. Und ich bin sicher: Auch Ihre Katze besitzt ein besonderes Talent oder eine verrückte Eigenschaft, die sie in die Stratosphäre katapultieren kann. Sie müssen sie nur entdecken.

WIE SIE DIE BESONDERE BEGABUNG IHRER KATZE ERKENNEN: DAS *BEIUNPHYVEROB*-SYSTEM

Was ist die einfachste Methode, die besondere Begabung Ihrer Katze zu erkennen? Prägen Sie sich einfach dieses simple Akronym ein: **BEIUN- PHYVEROB**. Es steht für **BE**obachten, **I**dentifizieren, **UN**tersuchen, **PHY**sis, **VER**halten, **OB**jektivität. Und so funktioniert das System:

Schritt 1. BEOBACHTEN. Bestimmen Sie das Potenzial Ihrer Katze, indem Sie sie ausgiebig beobachten. Platzieren Sie Ihre Katze in einem gut beleuchteten Raum. Untersuchen Sie sie aus jedem Winkel, bewegen Sie sich dabei langsam, um sie nicht zu erschrecken. Ihre Katze sollte Ihnen

vertraut genug sein, um sie bei einer polizeilichen Gegenüberstellung wiederzuerkennen. (Und glauben Sie nicht, dieses Szenario würde niemals eintreten.)

Schritt 2. IDENTIFIZIEREN Sie die außergewöhnlichsten Eigenschaften Ihrer Katze. Stellen Sie sich folgende Fragen: Was macht Ihre Katze zum Meme? Warum sollte ein völlig Fremder dieses Tier auf einer Facebook-Pinnwand verewigen wollen? Bedenken Sie, dass Ihre Katze mit Igeln, Pandas, Babys und Bibelzitaten um diesen Platz wetteifern muss. Was hat sie zu bieten? Schreiben Sie alles auf, was Ihnen einfällt: verträumter Blick, ein liebliches Miauen, ein zweifarbiges Fell, die Fähigkeit, während des Essens zu furzen.

Schritt 3. UNTERSUCHEN. Gehen Sie Ihre Notizen aus Schritt 2 durch. Sind sie irgendwie einleuchtend? Haben Sie überhaupt Notizen *gemacht*? Falls nicht, wiederholen Sie Schritt 1 und 2.

Schritt 4. Konzentrieren Sie sich auf das »Physische«. Betrachten Sie Ihre Katze als Objekt; eine zerbrechliche Skulptur vielleicht oder einen Haufen Sportsocken.

Was sind ihre Schokoladenseiten? Hat sie überhaupt Schokoladenseiten? Beschränken sich ihre Makel auf eine Körperseite? Braucht Ihre Katze eine Zahnbehandlung, einen Haarschnitt oder vielleicht ein Bad?

Schritt 5. Konzentrieren Sie sich auf das VERHALTEN. Nicht allein ihr Aussehen macht eine Katze berühmt, sondern auch ihr Auftreten. Das könnte am schwierigsten zu beurteilen sein, da die meisten Katzen 99% der Zeit überhaupt nichts tun. Oder etwa doch? Schauen Sie genau hin ... vielleicht zucken ihre Schnurrhaare lustig, wenn sie gähnt. Vielleicht klopft sie mit ihrem Schwanz den Rhythmus von Ravels Bolero. Tut sie vielleicht etwas, das Besucher faszinierend finden? Bemerken Sie zum Beispiel eine Ähnlichkeit der Katze mit Doris Day, ihre niedliche Art, auf Verlängerungskabeln herumzukauen, oder vielleicht ihre feindselige Reaktion auf Berührungen? In Hollywood werden ständig Taskforces eingesetzt, um herauszufinden, was gut ankommt. Sie können das auch, locken Sie einfach ein paar vertrauenswürdige Bekannte in Ihr Haus und sperren Sie sie einige Stunden mit Ihrer Katze in einen Raum. Machen Sie Notizen.

> **In der Welt des Katzen-Ruhms können scheinbar negative Eigenschaften der Schlüssel zu unverhältnismäßig großem Erfolg sein.**

Schritt 6. Bleiben Sie OBJEKTIV. Möglicherweise täuscht Sie die emotionale Verbundenheit mit Ihrer Katze über deren relativen Mangel an Extravaganz hinweg. Sie denken, Sie haben einen besonders süßen Fratz, dabei sitzt in Wirklichkeit ein fetter Troll auf Ihrem Sofa. Sie sehen Ihre Katze als Stephen-Hawking-mäßiges Supergenie, obwohl sie in Wahrheit nicht einmal aus einer Papiertüte hinausfinden würde (wortwörtlich). Aber lassen Sie den Mut nicht sinken! In der Welt des Katzen-Ruhms können scheinbar negative Eigenschaften der Schlüssel zu unverhältnismäßig großem Erfolg sein. Vielleicht ist es schmerzhaft, sich einzugestehen, dass Ihre Katze hässlich, tollpatschig oder eklig ist. Das bedeutet aber nicht, dass sie die Kasse nicht klingeln lässt.

Manchmal ist es schwierig, jemanden zu kritisieren, den man liebt (auch wenn dieser Jemand aus purer Lust unschuldige Singvögel killt). Lesen Sie also weiter, um zu lernen, wie Sie die besonderen Fähigkeiten Ihrer Katze erkennen. Sobald Sie das herausgefunden haben, werden Sie neue Träume brauchen, weil Ihre alten alle wahr geworden sind.

IDENTIFIZIEREN SIE IHREN STUBENTIGER
WELCHEN TYP KATZE HABEN SIE?

Ihre Katze kann auf vielen Wegen zu anhaltendem Ruhm kommen. Sie müssen nur erkennen, für welche Rolle auf der großen Bühne des Internet-Lebens Ihre Katze gemacht ist, welchem Archetyp sie am ehesten entspricht, in welcher Nische sie es sich gemütlich macht (nachdem sie sie 20 Minuten mit ihren Pfoten bearbeitet hat). Im Folgenden finden Sie eine wissenschaftlich einleuchtende Liste aller möglichen Katzen-Typen – das heißt all jener mit finanziellem Potenzial – einschließlich ihrer Erkennungsmerkmale, die Ihnen helfen, Ihre Katze der passenden Kategorie zuzuordnen.

IST IHRE KATZE EIN SÜSSES BABY-KÄTZCHEN?

- Würden Sie Ihre Katze als »flauschig« beschreiben?
- Staunt Ihre Katze über die gewöhnlichsten Gegenstände?
- Fällt es Ihnen schwer, in Anwesenheit Ihrer Katze Ihren Zynismus aufrechtzuerhalten?

Wie man das süße Baby-Kätzchen managt: Gehen Sie mit dieser Katze behutsam um. Sie ist jung und leicht zu beeindrucken, stürzt möglicherweise unvorbereitet in die brutale Welt der sozialen Medien. Noch dazu sind ihre Knochen noch nicht vollständig ausgewachsen.

Auf der anderen Seite, ka-tsching! Die Kamera *liebt* Kätzchen. Ihr Bildmaterial wird sich quasi von allein verkaufen. Aber das Verfallsdatum der süßen, süßen Baby-Katze ist schnell überschritten, also nehmen Sie so viele Videos wie möglich auf, bevor Ihr kleiner Freund sein herziges Aussehen einbüßt. Nicht alle Katzen werden im Alter schöner, und kaum ein Kätzchen kann nach der Pubertät noch weiterarbeiten.

Wie man süße Baby-Kätzchen filmt: Um die Niedlichkeit Ihrer Katze hervorzuheben, nutzen Sie Haushaltsgegenstände und unterstreichen Sie damit, wie klein sie ist. Setzen Sie Ihr Kätzchen in ein Schnapsglas, eine Hemdtasche, einen Strumpf oder einen Baby-Tragesitz.

Oder betonen Sie ihre dürftigen motorischen Fähigkeiten und ihre körperliche Schwäche. Bedecken Sie sie komplett mit einem Taschentuch. Kann sie sich befreien? Stellen Sie zu guter Letzt heraus, wie wenig das süße Baby-Kätzchen von der Welt weiß. Schmeißen Sie die Webcam an, während Sie ihm die folgenden Wunder präsentieren: Fenster. Hunde. Fließendes Wasser. Schatten.

IST IHRE KATZE EIN FAULPELZ?

- Haben Sie Ihrer Katze schon mal den Puls gemessen?
- Vermeidet die Katze, aus dem hinteren Teil des Napfes zu fressen?
- Hüpfen Nagetiere ungehindert auf der Katze und um die Katze herum?

Wie man den Faulpelz managt: Verwechseln Sie diese Katze nicht mit einem Loser; Sie müssen nur lernen, die Trägheit Ihrer Katze für sich *arbeiten* zu lassen. Vermarkten Sie Ihre Katze zum Beispiel als eine Art Katzen-Lebowski: »Er macht für uns Sünder gute Miene zum bösen Spiel.« Und jeder Malocher wird sich neidvoll am Anblick Ihrer faulenzenden und blaumachenden Katze ergötzen.

Vielleicht ist sie aber auch eher eine Art Buddha-Figur, ein erleuchtetes Wesen, das die Kraft der Stille und des Friedens ausstrahlt. Sie könnte eine Inspiration für all jene sein, die sich danach sehnen, der Hektik des modernen Lebens zu entfliehen.

Wie man den Faulpelz filmt: Testen Sie die Grenzen seiner Lässigkeit. Provozieren Sie ihn mit verschiedenen Reizen und beobachten Sie seine Reaktion. Zum Beispiel mit einem Springteufel, Seifenblasen, Techno-Musik, einem Klammeraffen (wenn Sie keinen bekommen, nehmen Sie einfach eine dieser Sekretärinnenpflanzen und wedeln mit den Blättern herum), einem klappernden Aufzieh-Gebiss, Ihrer Großmutter, einer Chucky-Puppe, gregorianischen Gesängen, einer Kettensäge. Das Schöne an dieser Methode: Wenn die Katze reagiert, kommt ein gewinnbringendes Video dabei heraus, wenn nicht, stellen Sie ihr Publikum vor eine Herausforderung, mit der es möglicherweise monatelang beschäftigt ist. Die Welt wird sich fragen: Wie kriegt man die Katze dazu, den Arsch hochzukriegen?

IST IHRE KATZE DER KNALLHARTE TYP?

- Stolziert die Katze herum?
- Kratzt sie Sie blutig, wenn Sie sie streicheln wollen?
- Hat Sie Ihre Katze schon mal von der Couch verscheucht?

Wie man den knallharten Typ managt: Machen Sie sich bewusst, dass eine knallharte Katze nicht unbedingt groß und kräftig ist; Chuck Norris ist nur 1,70 m. Die Schlüsselqualifikationen hier heißen in diesem Fall sicheres Auftreten und Einschüchterung. Chuck Norris' Roundhouse-Kick auf Ihre Katze übertragen bedeutet: lautes Fauchen, böse Blicke, ausgiebiges Strecken, plötzliches auf den Schoß Springen und/oder provozierendes Nichtausweichen, wenn Sie ihr auf der Treppe begegnen. Halten Sie diese Aktionen für Ihr Publikum fest, damit können Sie Geld machen (aber Vorsicht: das Benehmen Ihrer Katze könnte sich verschlimmern).

Wie man den knallharten Typ filmt: Die knallharte Katze braucht jemanden oder etwas, dem gegenüber sie sich knallhart verhält. Umgeben Sie sie also mit anderen Tieren (wenn diese eher ängstlich sind und damit die bedrohlichen Eigenschaften Ihrer Katze betonen, umso besser). Bringen Sie Ihre Katze in Situationen, in denen sie völlig zu Recht Angst hat. Sie wissen doch genau, was sie in Rage bringt: ein Tierarztbesuch, ein Kindergeburtstag, ein Staubsaugroboter. Filmen Sie sich, wie Sie ihr die Krallen kürzen, oder sie in eine Katzenbox befördern. Als Accessoires bieten sich ein Schulterhalfter

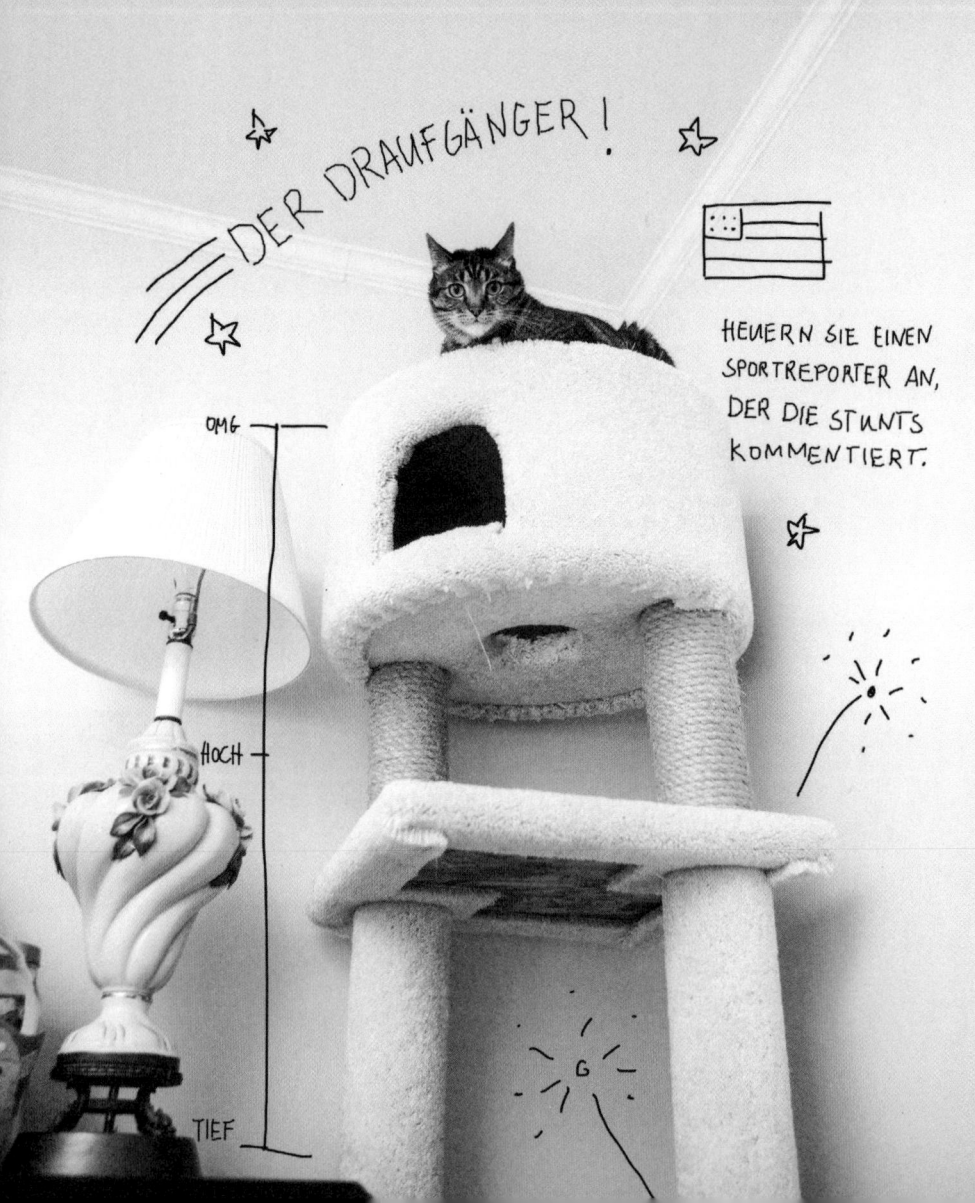

oder ein ärmelloses T-Shirt an. Filmen Sie sich bei dem Versuch, die Katze damit auszustatten.

IST IHRE KATZE EIN DRAUFGÄNGER?

- Läuft Ihre Katze gelegentlich auf den Hinterbeinen?
- Ist sie das Erste, woran Sie denken, wenn Sie das Geräusch von zerbrechendem Glas hören?
- Finden Sie sie häufig an Orten, die unmöglich zu erreichen sind?

Wie man den Draufgänger managt: Ihre Katze ist ein Adrenalin-Junkie und jeder Stunt, den sie überlebt, legt die Latte für ihre verdrehte Idee von Nervenkitzel nur immer noch höher. Großartig! Ihr Drang nach kreativer Gefahr erleichtert Ihnen den Job. Sie sollten sich aber darüber im Klaren sein, dass Spontaneität den freizügigen Lebensstil Ihrer Katze ausmacht und Sie daher von jetzt auf gleich bereit sein müssen, um sie in Aktion zu erwischen. Die Kehrseite? Das hohe Verletzungs- oder Todesrisiko der Draufgänger-Katze. Ein klitzekleiner Sturzhelm kann vielleicht helfen (oder einfach nur niedlich aussehen). Schließen Sie eine Lebens- und Arbeitsunfähigkeitsversicherung für Ihre Katze ab. Die Kosten können Sie (vielleicht) von der Steuer absetzen.

Wie man den Draufgänger filmt: Inszenieren Sie klassische Draufgängerszenen und warten Sie ab, was passiert. Stellen sie zum Beispiel zehn Getränkedosen in einer Reihe auf. Platzieren Sie ein katzengerechtes Spielzeug-Motorrad an einem Ende. Positionieren Sie Ihre Kamera so, dass Sie die gesamte Szene erfassen können. Filmen Sie, wie die Katze ins Bild springt, das Motorrad und die Dosen umschmeißt, sich in die Vorhänge stürzt, bis zur Decke klettert und mit einem Rückwärtssalto auf dem Deckenventilator landet.

IST IHRE KATZE EIN CLOWN?

- Finden andere Katzen Ihre Katze zum Totlachen?
- Führen Alltagsaufgaben wie die, auf eine Fensterbank zu springen, bei Ihrer Katze unweigerlich zu einer Serie von haarsträubenden Stürzen?
- Erinnert sie Sie an Harlekin, Pantalone oder einen anderen Charakter der Commedia dell'Arte?

Wie man den Clown managt: Ihr rätselhaftes Gebaren und ihre subtile Art erwecken den Anschein, diese Katze existiere auf einer höheren metaphysischen Ebene als der Mensch. Zumindest so lange, bis sie etwas tut, das Sie vom Gegenteil überzeugt, zum Beispiel vierzig Minuten lang versucht, aus einer Cornflakes-Schachtel herauszufinden. Hach ja, Spaß haben Sie mit der lustigen Katze zur Genüge. Aber bedenken Sie, Spaß hat noch keinem die Miete gezahlt. Also vertrödeln Sie keine Zeit damit, darüber zu lachen, wie Ihre Katze mit den Pfoten einen Eiswürfel aufheben will, sondern halten Sie die Situationskomik im Video fest.

Wie man den Clown filmt: Slapstick ist die Stärke dieser Katze, ziehen Sie also mit. Setzen Sie sie dort ab, wo möglichst viele Gegenstände sind, mit denen sie interagiert, auf die sie reagiert oder über die sie stolpert: Klopapierrollen, eine Garnrolle, ein mit Murmeln gefülltes Planschbecken.

LUSTIGES OHR
BOING!
DER
CLOWN
LUSTIGE SCHNURRHAARE
HAHAHA!
LUSTIGE ZUNGE

DER VÖLLIGE SCHWACHKOPF
DUM
DUM
DUM
- PASSEN SIE AUF, WO ER DEN KOPF HINEINSTECKT
- FRISST GUMMIBÄNDER
- ACHTUNG, VERSEHENTLICHER STROMTOD MÖGLICH

Lassen Sie als Zugabe eine Bananencremetorte auf der Küchentheke stehen oder drapieren Sie eine Bananenschale so, dass sie darauf ausrutschen könnte.

IST IHRE KATZE EIN VÖLLIGER SCHWACHKOPF?

- Müssen Sie Ihre Katze ständig daran erinnern, wer Sie sind?
- Hat die Katze schon mal aus ihrem Katzenklo gefressen?
- Hat sie Schwierigkeiten, das Wort »Miau« auszusprechen?

Wie man den Schwachkopf managt: Sie haben sich entschieden, eine Katze bei sich aufzunehmen, um Ihren Alltag mit einem Lebewesen höherer Ordnung zu teilen. Ein scharfsinnigeres Wesen als, sagen wir mal, ein Hamster oder ein Dackel. Unglücklicherweise gibt es keine Gattung ohne peinliche Ausnahmen. Für uns Menschen wäre das Donald Trump. Für Katzen wäre das … Ihre Katze. Ich frage Sie, welche Gattung hat es schlimmer erwischt? Glücklicherweise ist mangelnder Intellekt kein Hindernis für Erfolg! Die Öffentlichkeit liebt dumme Stars (mir fällt gerade kein Beispiel ein). Der Karriere Ihres reizenden Dummerchens steht also nichts im Wege.

Wie man den Schwachkopf filmt: Am besten betonen Sie seine nicht-katzenartigen Eigenschaften wie Tollpatschigkeit, mangelnde Fellpflege, Angst vor Mäusen. Fördern Sie charmante Marotten wie die Neigung, vor dem eigenen Schwanz zu erschrecken. Provozieren Sie einen Fauxpas, z.B. dass er einer anderen Katze auf den Kopf tritt oder versucht, sein Spiegelbild abzulecken. Lassen Sie ihn gegen eine besonders begabte Katze in Wettkämpfen wie Ping-Pong, Fadenspiel und dem Ausweichen kleiner Kinder antreten.

IST IHRE KATZE EIN HERZENSBRECHER?

- Wollen Katzen desselben Geschlechts wie Ihre Katze so sein wie Ihre Katze? Wollen Katzen des anderen Geschlechts Ihrer Katze nahe sein?
- Kommt Ihre Katze mit Zeter und Mordio davon, weil Sie es nicht übers Herz bringen, sie zu bestrafen?
- Hegen Sie den Verdacht, dass die Leute nur Zeit mit Ihnen verbringen, um Ihrer Katze nahe zu sein?

Wie man den Herzensbrecher managt: Hassen Sie ihn nicht, weil er schön ist. Ihre Katze wurde mit dem Gesicht eines Engels und dem Körper eines Kuscheltiers gesegnet. Sie hat im genetischen Lotto gewonnen ... Und Sie, ihr Besitzer, sahnen damit richtig ab. Freuen Sie sich! Sie müssen ihr nur regelmäßig das Fell bürsten, die Krallen schneiden und die Schnurrhaare pflegen.

Vergessen Sie nie: das gute Aussehen Ihrer Katze = Ihr finanzielles Polster.

Wie man den Herzensbrecher filmt: Richten Sie einen YouTube-Kanal für ihn ein, lehnen Sie sich zurück und schauen Sie zu, wie die »Likes« in die Höhe schnellen. Danach dauert es nicht lange, bis die ersten Werbeverträge hereinflattern. Achten Sie darauf, dass Ihre Katze nur mit gesunden Produkten in Verbindung gebracht wird, um ihrem Image nicht zu schaden. Kleiner Scherz! Nehmen Sie jeden Cent mit. Sollte Ihre Katze allerdings eine feste Beziehung eingehen, halten Sie es geheim. Jeder Zuschauer soll sich vorstellen, diese Katze habe nur Augen für ihn allein.

der Herzensbrecher
xoxo
SO VERTRÄUMT
OMG!
KREISCH!
NICHT KNAUSERN MIT FELL- UND SCHNURRHAAR-STYLING

DIE FURCHTEINFLÖSSENDE, HÄSSLICHE BESTIE

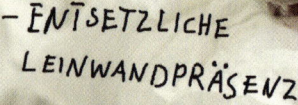

- ENTSETZLICHE LEINWANDPRÄSENZ

- SCHWER ZU SAGEN, OB ES SICH TATSÄCHLICH UM EINE KATZE HANDELT

- SETZEN SIE UNHEILVOLLE MUSIK ALS SOUNDTRACK FÜR VIDEOS EIN

ALBTRAUM-POTENZIAL

IST IHRE KATZE EINE FURCHTEINFLÖSSENDE, HÄSSLICHE BESTIE?

- Haben Sie keinen Appetit mehr, seitdem Sie die Katze besitzen?
- Fehlt es dem Gesicht der Katze an Symmetrie, Augen oder Fell?
- Wurde die Katze schon mal für einen Chupacabra gehalten?

Wie man die furchteinflößende, hässliche Bestie managt: Wenn die Natur versehentlich ein Monstrum produziert, korrigiert die Gesellschaft diesen Fehler normalerweise durch Ertränken direkt nach der Geburt. Wenn diese gegenseitige Kontrolle ausfällt, bewegt sich die Welt am Rande des ästhetischen Ruins. Was hat man schon von einer schönen Landschaft, wenn sie mit hässlichem Getier verschandelt ist? Sogar Thoreau würde da zustimmen. Aber irgendwie hat es Ihre Katze geschafft, dem System ein Schnippchen zu schlagen. Gut gemacht! Und glücklicherweise kann sogar die bizarrste Katze eine lange und erfolgreiche Internet-Karriere machen. Genauso, wie wir uns an einem Horrorfilm oder der Wiedervereinigungs-Tour von KISS erfreuen, erfreuen wir uns am Anblick Ihrer Katze und lieben es, uns vor ihr zu fürchten. Jedenfalls solange sie verschwindet, wenn wir den Bildschirm ausschalten.

Wie man die furchteinflößende, hässliche Bestie filmt: Machen Sie sich den Schauder, den ihre Katze hervorruft, zunutze und laufen mit ihr eine belebte Straße entlang. Filmen Sie die schonungslos ehrlichen Reaktionen der Passanten. Gehen Sie während der Pause über einen Schulhof. Nehmen Sie die Schreie auf. Oder stellen Sie Szenen aus klassischen Horrorfilmen mit Ihrer Katze als Bösewicht nach: die Duschszene aus

Psycho (die Katze als Bates), *Das Schweigen der Lämmer* (die Katze als Lecter), *Der Elefantenmensch* (die Katze als Merrick).

Das Leben mit einer gestörten Katze ist niemals langweilig.

IST IHRE KATZE GEISTESKRANK?

- Scheint die Katze unsichtbaren Mächten zu gehorchen?
- Will sie auf Bäume klettern, die gar nicht da sind?
- Schaut sie Sie an, als seien *Sie* verrückt?

Wie man die geisteskranke Katze managt: Das Leben mit einer gestörten Katze ist niemals langweilig. Und selbst die gestörte Katze kann in der Welt der Katzenvideografie Karriere machen. Schließlich ist das Showbusiness voll von kuriosen Gestalten wie Charlie Sheen, Crispin Glover und Randy Quaid. Wenn die einen Job bekommen, warum nicht auch Ihre Katze?

Wie man die geisteskranke Katze filmt: Sie brauchen eine geschlossene Filmkulisse, damit diese Katze nicht die Nerven verliert. Übertreiben Sie es nicht mit der Planung – Ihre Katze soll ihr durchgedrehtes Verhalten in einer natürlichen, zuschauerfreundlichen Umgebung ausleben. Die beste Herangehensweise ist der Dokumentarstil. Denken Sie an *Grey Gardens* oder *Die Reise der Pinguine*: grotesk, Grand Guignol, ohne unnötige Beschönigung. Fügen Sie in der Nachbearbeitung den Kommentar eines Tierpsychologen ein.

IST IHRE KATZE STINKLANGWEILIG?

- Vergessen Sie manchmal, dass Sie eine Katze besitzen?
- Sind Sie unfähig sich zu erinnern, wie Ihre Katze aussieht, wenn sie nicht direkt vor Ihnen sitzt?
- Reagieren Eichhörnchen oder Spatzen überhaupt nicht, wenn ihnen Ihre Katze über den Weg läuft?

Wie man die stinklangweilige Katze managt: Ihre Katze mag in jeglicher Hinsicht nichtssagend sein, das heißt aber nicht, dass es keine Arbeit für sie gibt. Ihr Mangel an herausstechenden Eigenschaften kann sich als ihr größter Vorteil entpuppen. Sie ist die Durchschnittskatze, der Spiegel, in dem sich unser Leben widerspiegelt. Mit ein wenig Fantasie kann man einiges aus ihr herausholen. Heben Sie die Katze unter den Achseln hoch – ist sie länger, als erwartet? Alle mal herschauen, das ist eine Langkatze! (Eine kreative Kameraaufstellung kommt diesem Konzept sehr entgegen.) Bringen Sie noch mehr Pepp hinein, indem sie Ihre Katze mit einem unverkennbaren Accessoire ausstatten, einer Augenklappe, einer Weste oder einer Baskenmütze (mehr über den Einsatz von Requisiten und Kostümen im nächsten Teil).

Wie man die stinklangweilige Katze filmt: Bringen Sie die Katze in eine Gruppensituation; ein zusätzliches Kleinkind oder ein Hund nehmen den Druck von Ihrer Katze, die Show ganz alleine abzuziehen. Oder heuern Sie einen Schriftsteller an, der einen inneren Monolog für Ihre Katze verfasst, den Sie (oder ein Schauspieler) dann einsprechen.

MIEZEN-ZAUBER:
AUFFALLEN DURCH ACCESSOIRES

Stellen Sie sich vor, Sie sind bei einem Casting. Das Wartezimmer ist voll mit Dutzenden (fügen Sie ein Adjektiv ein, das das Aussehen Ihrer Katze beschreibt) Katzen und deren (fügen Sie ein Adjektiv ein, das Sie selbst beschreibt) Managern. Abgesehen von ihren Halsbändern sind diese Katzen alle identisch. Aber warten Sie! Eins der Kätzchen hat einen Cellokoffer dabei. Kann es spielen? Auf welcher Musikhochschule war es? Wer ist dieses mysteriöse Katzentier? Der Caster spürt die Aufregung und bittet das künstlerische Geschöpf herein. Die anderen Versager schickt er nach Hause, ohne sie noch eines Blickes zu würdigen.

Wow. Eine solche Gabe (oder zumindest der Anschein einer solchen Gabe) bietet einem Performer tatsächlich einen Wettbewerbsvorteil! Ein beeindruckendes Beispiel dafür, wie Sie Ihrer Katze mit ein klein wenig mehr Zeit und Energie nicht nur einen eigenen Stil, sondern einen großen Batzen *Persönlichkeit* verleihen. Vermutlich haben Sie immer geglaubt, Persönlichkeit sei etwas, das sich ein Leben lang entwickelt. Das mag stimmen, wenn Sie gerade einen Baseball durch die Fensterscheibe des Nachbarhauses geschmettert haben, alles leugnen und Ihr Vater Sie sich zur Brust nimmt. Aber in der risikoreichen Welt der Internet- Katzenvideos lässt sich Persönlichkeit auf ein Wort herunterbrechen: Requisiten.

Aber wo bekommt man ein katzengroßes Cello? Von einer Haushalts- auflösung von Harry Whittier Frees? Zweifellos, aber die sind nicht sehr zahlreich. Liebe Leser, Sie lüften gerade das bestgehütete Geheimnis des Katzen-Entertainment-Managements: Der American Girl Store. Dieser Laden ist eine wahre Fundgrube für Katzen-Requisiten und Kulissendekoration, ganz zu schweigen von Kostümen! Für diejenigen unter Ihnen, die keine kleinen Kinder haben, will ich es erklären: American Girl ist eine bekannte Puppenmarke, die Puppen aus verschiedenen geschichtlichen Perioden herstellt. Aber vergessen Sie die Puppen. Aufgrund der riesigen Auswahl an Kleidung und Zubehör, alles in perfekter Größe für die heimische Hauskatze, strömen Katzenbesitzer in Scharen in diese Läden. Es ist als würde man ein Paralleluniversum bereisen, in dem alles die Größe »niedlich« hat. Sie müssen keine winzigen Akkordeons mehr aus Seife schnitzen. Gehen Sie einfach in den Laden und kaufen Sie eines (oder bestellen Sie online). Klingt nach schummeln? Bedenken Sie, dass Miner Forty-Niner Cat ohne seine kleine Spitzhacke und seine Goldwaschpfanne nur eine ganz normale getigerte Katze wäre, die im Matsch sitzt.

Hier ein paar Ideen:

Bedenken Sie, dass Miner Forty-Niner Cat ohne seine kleine Spitzhacke und seine Goldwaschpfanne nur eine ganz normale getigerte Katze wäre, die im Matsch sitzt.

DIE REQUISITE	DIE PERSÖNLICHKEIT
Winzige Skihütte	Professioneller Stunt-Skifahrer
Niedliche Krücken in Katzengröße	Genesender Überlebender eines Stepptanzunfalls
Klitzekleiner Heißluftballon	Phileas Fogg
Winziger VW Käfer	Cheech oder Chong
Kleine Kamera mit Blitzlicht	Reporter aus der Depressionszeit und opiumabhängig
Klitzekleiner Webstuhl	Arbeiter in einem Sweatshop
Süßes kleines wissenschaftliches Labor	Madame Curie
Miniatur-Stutzflügel	Duke Ellington

Jazz-Sänger

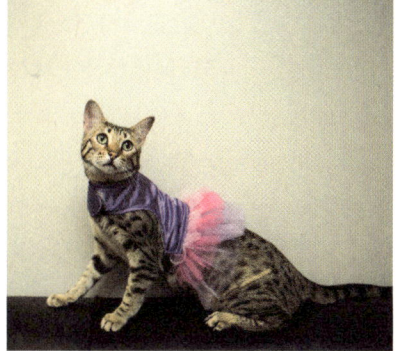

Ballerina

Pirat

Rentier

Diese Requisiten ziehen nicht nur die Aufmerksamkeit auf sich, sie regen auch augenblicklich zu inhaltsreichen und einzigartigen Geschichten an, die Sie in Ihren Videos benutzen können. Das ist eine idiotensichere Methode, Ihrem Haustier, dessen Leben wahrscheinlich eher langweilig ist, langwährenden Ruhm zu verschaffen.

BRAUCHT MEINE KATZE
EINEN KÜNSTLERNAMEN?

Kurz gesagt, wahrscheinlich schon. Die meisten Katzenbesitzer leiden an einem lähmenden Mangel an Originalität, wenn es um die Namensfindung ihres Haustiers geht. Kein Problem, wenn Ihre Katze nicht arbeitet, aber Katzen mit Star-Ambitionen brauchen jeden Vorteil.

FARBE DER KATZE	WEISS	GRAU	SCHWARZ
GUTE NAMEN	Schneeball	Smoky	Blackie
	Schneeflocke	Shadow	Midnight
	Schneewittchen	Nebel	Tinti
	Flocke	Grayson	Buh
	Blanca	Asche	Pechvogel
	Casper	Fussel	Lucky
	Koks	Stormy	Ass
BESSERE NAMEN	Ghostface Killah	Earl Grey	Noirman

Ziggy Sturdust

The Preacher

Lady Marmelade

ORANGE	BUNT	JEDE FARBE	SCHWARZ-WEISS
Tiger	Schecky	Kitty	Oreo
Tigger	Flecky	Tom	Smoking
Ginger	Fleckchen	Whiskers	Felix
Möhre	Pünktchen	Söckchen	Sylvester
Rusty	Klecks	Puschel	Pinguin
Garfield	Spotty	Molly	S/W
Sunshine	Checker	Max	Zebra
Blurange	Bubbles	Hulk	Krümelmieze

Den Namen Ihrer Katze zu ändern, ist ziemlich einfach. Ein bisschen Papierkram vielleicht. Ihre Katze selbst hat höchstwahrscheinlich keinen blassen Schimmer davon, dass sie überhaupt einen Namen hat. Die Herausforderung ist natürlich, sich einen Spitznamen auszudenken, der eingängig und unvergesslich ist und so viel Pfiff hat, dass er sich verbreitet wie ein Fieberbläschen auf einer Knutschparty. Hier ein paar Tricks, die Produktvermarkter, Talentsucher und Bestseller-Autoren einsetzen, um sich Weltklasse-Namen auszudenken.

ÜBERSETZEN SIE DEN AKTUELLEN NAMEN IHRER KATZE INS FRANZÖSISCHE.

Das klingt augenblicklich nach Raffinesse, Mysterium und Ennui: hat Klasse, oder nicht? *Très magnifique.* (Das wäre auch ein toller Katzenname!)

SMOKY = ENFUMÉ
SHADOW = OMBRE
PUSCHEL = PELUCHE
SÖCKCHEN = CHAUSSETTES
BASTARD = BÂTARD
KLAUE = CLAUDE
MÖHRE = CAROTTE
TOM = TOM
(ausgesprochen mit französischem Akzent)

SPANISCH FUNKTIONIERT AUCH!

Nur für Mandarin gibt es mehr Muttersprachler als für Spanisch, Sie verschaffen Ihrer Katze also sofortige weltweite Anerkennung. (Sie könnten es auch mit einem Namen in Mandarin versuchen, aber ich nehme an, eine tonale Sprache übersteigt Ihre Fähigkeiten.)

EL TIGRE = TIGER
SOLANA = SUNSHINE
FÉLIZ = FELIX
SANGUINARIO = BLUTSAUGER
DESCARADO = FRECHDACHS
LA BAMBA = BOMBE
SALSA = SOSSE
PERRO = HUND

ODER VERSUCHEN SIE ES MIT LAUTSCHRIFT.

Schreiben Sie einfach einen bestehenden Namen so auf, als wären Sie ein Sechsjähriger in einem Buchstabierwettbewerb. Die Aussprache bleibt dieselbe, so müssen Sie sich keinen neuen Namen merken.

DSCHINDSCHER | FRÄCHDAX | TSEPRA | KLEX | FLECK-IH

WARUM NICHT MIT BESONDEREN BUCHSTABEN EIN BISSCHEN PEPP HINEINBRINGEN?

Die unzähligen Stunden, die wir mit Simsen und dem Ersinnen von Passwörtern verbracht haben, haben uns gelehrt, alphanumerische Buchstaben zu benutzen, auf die unsere Großeltern nicht mal im Traum kämen.

Überschreiten Sie also die Grenzen des guten alten ABCs, wenn Sie den neuen Künstlernamen Ihrer Katze komponieren. Hip-Hop-Künstler tun das ständig, und schauen Sie, wie berühmt die sind. Erwägen Sie zum Beispiel diese Variationen eines typisch langweiligen Katzennamens:

$HADOW | SH@D0 | S|-|A:D()\/\/ | S#4<0 | :X{«

ODER VERSUCHEN SIE ES MIT EINEM NAMEN, DER OHNEHIN SCHON FUNKTIONIERT.

Warum das Rad neu erfinden, wenn es schon mehr als einige Male neu erfunden wurde? Es stimmt, dass die Screen Actors Guild Schauspielern verbietet, den Namen eines anderen Schauspielers zu benutzen. Aber wissen Sie was? Ihre Katze wird sowieso nie Mitglied der SAG sein. Also, nur zu – suchen Sie sich einen Namen aus, der mit Starpower aufgeladen ist, und saugen Sie so viel Ruhm heraus wie möglich.

TOM CRUISE | BRAD PITT | JUSTIN BIEBER | LINDSAY LOHAN | SNOOP DOGG | LARRY FINE | MAHATMA GANDHI

KAPITEL 2

LICHT AN, KATZE, ACTION!

Inzwischen haben Sie ein langweiliges, stumpfsinniges Tier, nach dem sich niemand umdrehen würde, in einen Star verwandelt, in ein außerirdisches Wesen, das vor Liebreiz strotzt, sodass sogar völlig Fremde kaum an sich halten können, wenn sie es sehen.

Gott macht ja angeblich keine Fehler, aber Sie haben eine seiner weniger eindrucksvollen B-Seiten neu abgemischt und daraus einen Primetime-Killer-Song gemacht.

Fantastisch, oder? Jetzt wissen Sie, wie sich Don Kirshner gefühlt hat, als er die Archies »entdeckte«.

Sie allerdings erschaffen jetzt etwas noch Großartigeres. Etwas, das Don Kirshner nicht geschafft hat – und nicht nur, weil die Archies sich wegen künstlerischer Differenzen getrennt haben. Sie werden ein absolut hitverdächtiges Video drehen. Also bringen wir uns auf den neuesten Stand der grundlegenden Video-Film-Techniken. Und zwar schnell, bevor Ihr Nachbar mit der einäugigen Cornish-Rex die »Katze-ohne-Tiefenwahrnehmung« zur weltweiten Sensation macht.

AUSRÜSTUNGSCHECK

Was für eine Kamera soll ich benutzen, fragen Sie. Meine Antwort: Woher zum Teufel soll ich das wissen? Das hier ist schließlich nicht Stiftung Warentest. Davon abgesehen – wollen Sie wirklich was über Blendenstufen und Megapixel lesen? Ich bezweifle es. Es reicht wohl zu sagen, dass die meisten Smartphones heutzutage 1a-Videos machen und es für jedes Budget Digitalkameras und Camcorder gibt. Holen Sie sich Rat von Ihrem Neffen oder dem nerdigen Typen auf der Arbeit, der Sie immer anstarrt. Ehrlich gesagt ist es wichtiger, eine leicht zu bedienende Kamera zu haben als eine mit dem neuesten Schnickschnack. Aber wenn Sie auf abgefahrene Schickimicki-Technik stehen, die kein normaler Mensch bedienen kann, leihen Sie sich das Zeug, bis Sie etwas mit der geeigneten Kombination aus Funktionalität und Angeberfaktor gefunden haben.

Sobald Sie eine Kamera zur Hand haben, bereiten Sie sie folgendermaßen vor:

Säubern Sie die Linse. Benutzen Sie ein weiches, trockenes Tuch oder einen Zipfel Ihres T-Shirts.

Laden Sie die Batterie der Kamera auf. Und halten Sie das Auflade-gerät (oder Extra-Batterien) parat. Gut möglich, dass Ihnen just in dem Moment, in dem Ihre Katze endlich etwas Interessantes tut, der Saft ausgeht.

Stabilisieren Sie die Kamera. Benutzen Sie ein Stativ oder platzieren Sie die Kamera auf einer Tischplatte oder einem Kanadier. Der Verwackelte-

Kamera-Effekt wird zwar oft genutzt, damit es möglichst unbearbeitet und amateurhaft aussieht, aber Ihr Filmmaterial ist auch so dilettantisch genug.

Testen Sie das Soundsystem. Manche Mikrophone sind besser als andere. Experimentieren Sie herum, um herauszufinden, wie nahe Sie für den optimalen Sound rangehen müssen.

Apropos, wissen Sie überhaupt, wo das Mikrophon ist? Achten Sie darauf, es nicht mit dem Finger zu blockieren. Und vergessen Sie nicht, Ihre Stimme kann alles andere übertönen. Vergessen Sie Monologe à la Spalding Gray und überlassen Sie Ihrem Star die Soundeffekte.

DIE PLANUNG DES DREHS

Es ist verlockend zu denken, Filmemachen bestehe lediglich darin, die Kamera anzustellen und die Dinge geschehen zu lassen. Das funktioniert vielleicht bei Müttern, die das Fußballspiel ihres Kindes filmen, oder bei Robert Altman. Aber Filme leben durch ihren Regisseur. Sie sind der Künstler, der Bildschirm ist Ihre Leinwand, und Sie haben nur einen einzigen Pinsel. Einen Pinsel, der die ganze Zeit nur seine Pfote ableckt, wenn Sie nicht die Kontrolle übernehmen. Sie tun also Folgendes:

Bauen Sie die Kulisse auf. Schauen Sie durch den Sucher der Kamera und betrachten Sie Ihr Heim mit den Augen eines Fremden. Alles, was fehl am Platz ist, ablenkt, stört, verwirrt oder irritiert – außer Ihrer Rückwärtssalto schlagenden Katze – muss weg. Heißt das, Sie müssen Ihr Wohnzimmer

Gute Set-Vorbereitung: Klassisches Dekor, Dekokissen, Grundfarben.

Schlechte Set-Vorbereitung: Katze kaum zu sehen. Schaffen Sie das Pferd aus dem Weg.

in Erdtönen streichen und Möbel zum Selbstaufbauen eines skandinavischen Möbelhauses kaufen?

Nun ja, das ist sicher eine vernünftige Idee. Oder Sie schieben die Tränengaskanister und die Tierpräparationswerkbank einfach zusammen in eine Ecke der Wohnung, sodass sie aus dem Bild sind. Oder werfen eine Decke drüber.

Rahmen Sie die Einstellung. Wenn Sie das nächste Mal fernsehen – Sie wissen schon, das, was Sie gemacht haben, bevor es das Internet gab –, achten Sie mal während Ihrer Lieblingssendung oder -werbung darauf, wo sich das Geschehen abspielt. Ganz oben? Nein. Ganz weit links? Auch nicht. Genau in der Mitte? Falsch. Sogar die mäßig kompetenten Kameraleute von *Reich und Schön* kennen die »Drittel-Regel«. Und auch Sie können von dieser Regel profitieren! Sie gibt vor, wo die Action stattfinden muss, damit die Aufnahme dynamisch wird und den Zuschauer ins Bild zieht wie eine Briefumschlagfabrik einen Klebstoffschnüffler. Es ist ganz einfach:

1. Schauen Sie durch den Sucher oder auf das Display Ihrer Kamera.
2. Ziehen Sie im Geiste horizontale und vertikale Linien, die das Bild senkrecht und waagrecht dritteln.
3. Platzieren Sie die Kamera so, dass die Katze dort sitzt, wo die Linien zusammenlaufen. Wenn die Katze sich bewegt, folgen Sie ihr mit der Kamera.

Es werde Licht. Katzenvideos dreht man am besten in einer kontrollierbaren Umgebung, was normalerweise drinnen bedeutet, sodass die Katze nicht abhauen kann. Der Nachteil ist, dass Sie dadurch auf das natürliche Sonnenlicht verzichten müssen, das nicht nur kostenlos, sondern auch besonders schmeichelhaft ist (obwohl man fairerweise auch sagen muss, dass es Krebs verursachen kann). Aber keine Sorge. Mit ein paar Verlängerungskabeln und Stehlampen lässt sich jeder noch so dunkle Winkel Ihres Heims erleuchten. Bei manchen Kameras können Sie durch helle Beleuchtung die Blende verengen, sodass ein größerer Schärfentiefenbereich im Fokus bleibt. Meine Güte, sehen Sie, wie langweilig es ist, über Kameras zu reden!

Sorgen Sie für Ruhe. »Ruhe am Set« ist ein Satz, den Sie jederzeit raushauen sollten – allerdings wird er bei allen unwissenden, Nicht-Showbusiness-Menschen im Raum nur für ausdruckslose Mienen sorgen. Wappnen Sie sich daher mit ein paar Standardsätzen, die zu Ihrem Milieu passen, wie »Schnauze halten«, »Klappe«, »Ich bitte um Ruhe« und so weiter. Noch besser: Entfernen Sie alle störenden Plappermäuler vom Set, Eltern und Ehegatten eingeschlossen.

DAS TALENT DIRIGIEREN

Seit Orson Welles hat jeder große Regisseur kapiert, dass man einer Katze keine Regieanweisungen geben kann. Aus diesem Grund ist die überwältigende Mehrheit von Filmen für menschliche Darsteller gedacht. Sie können nur hoffen, den natürlichen Charme und/oder Freak-Faktor aus Ihrer Katze herauszukitzeln, und dann mit der Kamera die Sekunden festhalten, in denen ihre Genialität instinktiv unterhaltsam in Erscheinung tritt. Wenn Sie Glück haben, wird das Ergebnis der *Citizen Kane* der Internet-Katzenvideos.

Aber was, wenn Ihre Katze geistesabwesend ein unsichtbares Objekt an der Zimmerdecke anstarrt? In diesem Fall müssen Sie Ihre Katze mit allen verfügbaren Mitteln zu einem großartigen Auftritt antreiben. Hier einige Ideen, wie Sie den Ball ins Rollen bringen.

WIE SIE IHRE BEWEGUNGSLOSE KATZE DAZU BRINGEN, SICH ZU BEWEGEN: 27 WEGE ZUR FILMISCHEN GLANZLEISTUNG

1. KARTONS

Katzen werden magisch angezogen von Kartons jeder Form und Größe, weil die Gebärmutter von Katzen aus Pappe besteht. Diese Vorliebe entspringt einem unterbewussten Verlangen, in den fötalen Zustand zurückzukehren (ungeachtet der Tatsache, dass sich das Leben einer Katze außerhalb der Gebärmutter nicht sonderlich vom Leben innerhalb unterscheidet).

Stellen Sie einfach einen leeren Karton auf den Boden, und Ihre Katze wird hineinklettern und mehrere Stunden nicht wieder herauskommen. Beschriften Sie den Karton mit lustigen Sprüchen: AUSZEIT, BITTE NICHT STÖREN, PORTOFREIE RÜCKSENDUNG oder ACHTUNG: INHALT KÖNNTE WÄHREND DES VERSANDS VERRUTSCHT SEIN sind durchweg schöne Ideen. (Sie haben keinen Karton zur Hand? Eine Papiertüte funktioniert genauso gut.)

2. SCHNUR

Ein Klassiker und zwar aus folgendem Grund: Die Schnur kann sich nicht wehren. Sobald der angeborene Killerinstinkt Ihrer Katze entfesselt ist, wird sie alle tödlichen Waffen ihres Arsenals gegen einen Feind richten, dessen einzige Verteidigung darin besteht, zu baumeln. Jeder liebt einen einseitigen Kampf! Sorgen Sie nur dafür, die Schnur sinnvoll einzusetzen:

1. Lassen Sie ein Stück Schnur locker herunterhängen. Wenn die Katze nicht darauf anspringt, wedeln Sie mit der Schnur wild hin und her.
2. Machen Sie so lange weiter, bis die Katze auf die Schnur losgeht.
3. Lassen Sie die Katze sechzig Sekunden lang mit der Schnur ringen.
4. Lassen Sie die Schnur los. Warten Sie, bis die Katze das Interesse verliert.
5. Wiederholen Sie die Schritte **1** bis **4**.

3. BABY

Für optimale Ergebnisse verwenden Sie ein Krabbelkind. Mit den laufenden Exemplaren lässt es sich nur schwer arbeiten. Platzieren Sie Katze und Baby nebeneinander und sehen Sie zu, wie die Fetzen fliegen! Baby malträtiert Katze, Katze zischt und faucht. Ermahnen Sie die Katze in Babysprache, »Nicht beißen!« und »Nicht Baby kratzen!« Haben Sie daran gedacht, Ihrer Katze die Krallen zu schneiden? Das sollten Sie besser tun!

4. VOGEL

Wenn Sie für wenig oder gar kein Geld einen kleinen bis mittelgroßen Vogel beschaffen können, tun Sie es. Katzen-Vogel-Videos sind im Grunde genommen Thriller und damit nach romantischen Komödien das beliebteste Genre. Setzen Sie den Vogel einfach in einen Raum mit einer schläfrigen Katze. Vögel sind typischerweise immens nervtötende Tiere. Was Sie hier filmen, ist eine Geduldsprobe für Ihre Katze. Sie können darauf bauen, dass der Vogel krächzen, trillern und die Katze mit dem Schnabel picken wird. Die Frage ist, wie lange lässt Ihre Katze das mit sich machen? Schalten Sie ein und finden Sie es heraus!

5. PRALINEN

Hierfür benötigen Sie eine Dose oder eine Schachtel mit Katzenleckerli der deutlich mit »Pralinen« gekennzeichnet ist (sorgen Sie selbst für die Beschriftung). Stellen Sie das Behältnis auf eine Ablage, die die Katze nur mit einiger Anstrengung erreichen kann. Achten Sie darauf, dass der Deckel nur lose aufliegt. Sobald Ihre Katze hinaufklettert und den Kopf in den Leckerlis versenkt, betreten Sie den Raum und rufen mit gespielter Überraschung und Entsetzen: »Mon Dieu, Claude! Die Pralinen sind für Gäste!« Die erschrockene Katze purzelt wahrscheinlich von der Ablage und verteilt dabei die komplette Ladung Leckerlis auf dem Boden – das genaue Gegenteil dessen, von dem Sie wollten, dass es passiert! Lassen Sie zur Krönung noch etwa ein Dutzend andere Katzen in den Raum und von den verstreuten Leckerlis fressen.

6. BADEWANNE

Denken Sie mal über das Paradox des Katzendaseins nach: Sie lieben Fisch, aber Sie hassen Wasser. Kein Wunder, dass die typische Katze gleichermaßen fasziniert und abgestoßen ist von Bächen, Kanälen und allen anderen Arten von Wasserwegen. Machen Sie sich diese natürliche Aversion zunutze, indem Sie Ihre Katze auf die Badewannenkante setzen und dann den Hahn aufdrehen. Halten Sie die Intensität ihres Blicks fest, wenn sie ihre Möglichkeiten abwägt: Hineinspringen? Weglaufen? Weiterstarren? Wenn dadurch keine Action aufkommt, drehen Sie den Duschkopf an.

7. FERNSEHEN

Der Fernseher mag ein Unterhaltungsgerät von gestern sein – für Ihre Katze ist er das Fenster zu einer anderen Welt. Stellen Sie etwas an, das Katzen gefällt: eine Natursendung, eine Dokumentation über Käse oder Stricken. Filmen Sie Ihre Katze, wie sie sich auf den Bildschirm stürzt, mit der Pfote darüber wischt oder sonst irgendwie versucht, das Ungreifbare zu greifen. Solche herzzerreißend frustrierenden Momente kennen wir alle, darum ist es so lustig.

8. HAARE

Hierfür brauchen Sie einen Schauspieler mit überschulterlangen Haaren. Platzieren Sie die Katze hinter einem Sofa mit niedriger Lehne und lassen Sie den Schauspieler auf dem Sofa Platz nehmen.

Halten Sie den Schauspieler dazu an, sich zurückzulehnen und seine wallende Mähne zu schütteln. (Erzählen Sie dem Schauspieler, dass Sie einen Werbespot für Shampoo drehen.) Machen Sie eine Nahaufnahme

GEFAHR

DAS PENDEL

DIE GRUBE

MAX. TIEFE
2,5 CM

ANGRIFFSWINKEL
WENN IHRE KATZE
EMPFINDLICHES
ZAHNFLEISCH HAT,
NEHMEN SIE
ZWEILAGIGES
30
BEACHTEN
SIE DEN
VERFORMUNGS-
WINKEL

der Katze, die hochspringt und den Kopf des nichtsahnenden Schauspielers attackiert.

9. EINE ROLLE TOILETTENPAPIER

Das funktioniert am besten mit aufgeweckten und einigermaßen aktiven Katzen – solche, die nicht warten, bis ein lebloses Objekt sich bewegt, bevor sie sich draufstürzen. Hängen Sie eine frische Rolle Toilettenpapier in einen sicher befestigten Toilettenpapierhalter. (Wenn Sie kein gutes Licht in Ihrem Badezimmer haben, heuern Sie einen Handwerker an, der einen Halter in einem gut ausgeleuchteten Raum montiert, in der Diele oder im Wohnzimmer zum Beispiel. Bringen Sie die Rolle so an, dass das Papier vorn über der Rolle hängt. Das ist essenziell. *Es muss vorn über der Rolle herunterhängen, nicht hinten.* Lassen Sie vier Blätter herunterbaumeln. Schauen Sie zu, wie die Katze mit beiden Pfoten wie wild an der Rolle dreht, bis sämtliches Papier auf dem Boden liegt.

10. DECKENVENTILATOR

Das ist einfach, vorausgesetzt Sie verfügen über eine Decke und einen Ventilator. Stellen Sie einen Tisch direkt unter den Deckenventilator. Setzen Sie Ihre Katze auf den Tisch – oh, da sitzt sie ja schon, natürlich, schließlich steht ein neues Möbelstück im Raum. Stellen Sie den Ventilator auf die niedrigste Stufe. Beobachten Sie, wie sich Ihre Katze angesichts dieser künstlichen Brise misstrauisch zusammenkauert. Schauen Sie zu, wie sie den Kopf dreht, um den Propellern mit dem Blick zu folgen. Oh-oh, sie sieht aus, als würde sie gleich auf den Ventilator springen … die perfekte Stelle für einen Schnitt und den Teaser für Teil 2.

11. PING-PONG

Katzen sind von Natur aus nur für eine olympische Sportart begabt: Ping-Pong. Katzen-Ping-Pong ist eigentlich eher wie Handball, wenn Sie Wert auf technische Genauigkeit legen. Aber das sind irrelevante Nebensächlichkeiten, der Punkt ist nämlich, dass Sie drei fantastische Möglichkeiten haben, ein Ping-Pong-Spiel mit Ihrer Katze zu veranstalten. Und jede davon produziert herausragendes Videomaterial: Katze gegen Mensch, Katze gegen Katze und Mensch gegen Mensch (mit dazwischenfunkender Katze).

12. SCHMETTERLING

Wissen Sie, die meisten Schmetterlinge leben nur wenige Tage, manchmal sogar nur Stunden. Und das, nachdem sie sich ihr ganzes Leben als gefräßige Raupen den Wanst vollgeschlagen haben. Sie sollten sich also nicht schlecht dabei fühlen, wenn Sie ein bisschen Dramatik in das kurze und selbstsüchtige Leben dieses Insekts bringen. Lassen Sie den Schmetterling einfach fliegen und filmen Sie Ihre Katze dabei, wie sie springt und herumtollt und vergeblich versucht, das Ding zu fassen zu kriegen. Wenn der Schmetterling sich nicht fangen lässt, können Sie ihn zurück in die Wildnis entlassen, wo er wieder Narzissen bestäubt oder was auch immer die so tun. Und wenn die Katze ihn zu fassen kriegt – naja, soweit ich weiß, gibt es ziemlich viele Schmetterlinge auf der Welt.

13. PUPPENHAUS

Wenn Sie eine Auszeit von der trostlosen Realität der Katzensuperstar-Welt brauchen, ist diese Idee perfekt. Bauen Sie ein Puppenhaus auf und richten Sie es komplett ein. Arrangieren Sie die Puppen zum Beispiel so, dass sie um den Esstisch sitzen. Erfinden Sie ein Gespräch. Voice over: »Woran arbeitest du gerade, Schatz? Ein Buch über Katzenvideos? Das klingt nicht sehr vielversprechend!« »Ja, dein Vater hat recht, das klingt nach kompletter Zeitverschwendung. Warum gehst du nicht wieder zurück an die Schminkschule? Du hattest echtes Talent.« Und dann: Lassen Sie Ihre Katze in die Szene stürmen und dabei ein heilloses Durcheinander im Puppenhaus anrichten. MONSTERATTACKE! WAS IST JETZT MIT EURER SCHMINKSCHULE, IHR KLEINEN BASTARDE? Sehr befriedigend.

14. EIN GLAS WASSER

Dieser Tipp ist für Netzkatzen-Impresarios, die sparen müssen. Es ist keine besondere Ausrüstung erforderlich. Füllen Sie einfach ein großes Glas mit Wasser. Stellen Sie das Glas neben Ihre Katze. Vielleicht untersucht sie das Wasser mit der Pfote, steckt sie hinein und rührt herum, um die Beschaffenheit zu erkunden. Wenn Sie Glück haben, schmeißt sie das Glas um, verschüttet das meiste Wasser, steckt dann den ganzen Kopf mit eingezogenen Ohren tief in das Gefäß und schlabbert den Rest mit der Zunge auf. Im Business bekannt unter »Glasknutschen« und Gold wert. Es gibt ganze Webseiten, die dieser Praktik gewidmet sind.

1. Die Annäherung   2. Tunken und Tropfen   3. Der Schubser

15. LUFTBALLONS

Hierfür brauchen Sie je nach Größe Ihrer Katze drei bis fünf aufgeblasene Luftballons. (Lassen Sie sie von einem Assistenten aufblasen.) Reiben Sie einen Ballon behutsam am Wollpullover Ihres Assistenten, um ihn (den Ballon) statisch aufzuladen. Drücken Sie den Ballon fest auf den Rücken Ihrer Katze. Er sollte klebenbleiben. Fahren Sie fort, bis die Katze vollkommen mit Ballons bedeckt ist. Durchdrehen tut sie dann von alleine. Schauen Sie zu und filmen Sie.

16. KOMMODE

Für diese Variante brauchen Sie eine Kommode. Wenn Sie keine Kommode haben, können Sie es auch mit einer Anrichte oder einem Schuhschrank versuchen oder vielleicht mit einem Sideboard. In manchen Fällen könnte auch ein Garderobenschrank funktionieren oder eine Aufsatzkommode. Ein Chiffonier wäre sicherlich eine schwierige Wahl für diesen Zweck, aber im Notfall könnte es gehen. Oder wie wäre es mit einer Kleidertruhe? So eine haben Sie doch bestimmt, oder? Besorgen Sie sich jedenfalls eine Kommode. Den Rest finden Sie dann selbst raus.

17. MENSCH

Manche Katzen können einfach keinen ganzen Zwei-Minuten-Clip performen (man nennt sie »Perserkatzen«). Wenn Ihre Katze es nicht draufhat, bringen Sie einen menschlichen Gegenspieler ins Feld, der ihr ein wenig dramaturgische Last abnimmt. Katze gegen Mensch ist ein klassischer Kampf. Hier sind ein paar idiotensichere Ideen:

- **Mensch benutzt Wischmopp.** Katze hält Mopp für Beute, packt zu und sträubt sich loszulassen. Mensch wischt weiter.

- **Mensch misst Teppich aus.** Katze hält Maßband für Beute, packt zu und sträubt sich loszulassen. Mensch misst weiter.

- **Mensch bindet Schuh.** Katze hält Schnürsenkel für Beute, packt zu und sträubt sich loszulassen. Mensch entscheidet sich für Slipper.
- **Mensch liest Zeitung.** Katze hält Zeitung für Beute, greift an und sträubt sich loszulassen. Mensch wechselt zu E-Reader.
- **Mensch schreibt Notiz.** Katze hält Schreibgerät für Beute, greift an und sträubt sich loszulassen. Mensch unterschreibt.

18. SCHATTEN

In schweren Zeiten vertrauten die wilden Vorfahren der Hauskatze darauf, sich ausschließlich von den Schatten anderer Kreaturen ernähren zu können. Deswegen hat Ihre Katze einen so starken Drang, jedem Schatten nachzujagen, der ihr vor die Nase kommt. Positionieren Sie sich einfach zwischen einer Lichtquelle und der Katze. Machen Sie rhythmische Bewegungen mit einem Körperteil Ihrer Wahl. Sobald Sie die Aufmerksamkeit Ihrer Katze erregt haben, erhöhen Sie die Bewegungsgeschwindigkeit. Wenn Ihre Katze auch nur ein bisschen von einem Star in sich hat, stürzt sie sich auf den Schatten, als wäre er ein blindes Streifenhörnchen, das ihr im Garten zufällig in die Quere gekommen ist.

19. VASE MIT UNFASSBAR KLEINER ÖFFNUNG

Stellen Sie eine leere Vase auf einen Tisch, und Ihre Katze wird das als persönliche Herausforderung sehen. Sie behaupten, dass sie *nicht* in diese Vase passt? Sie wird Ihnen das Gegenteil beweisen. Sehen Sie zu, wie sie sich vor Ihren Augen verflüssigt. SIE PASST HINEIN! Versuchen Sie es noch mal mit etwas Kleinerem, vielleicht einem Reagenzglas.

GUT

Neugierige Katze nähert sich Gefäß.

BESSER

Kopf hineingesteckt. Gefäß in aufrechte Position gebracht.

MONEY SHOT

Im winzigen Katzenkortex dämmert es. Das Verhalten wird hinterfragt.

20. POPCORN-MASCHINE

Dieses Konzept arbeitet mit Minimalismus. Räumen Sie die Küchentheke auf, es sollten nur zwei Objekte im Bild sein: eine Popcorn-Maschine und eine beunruhigte Katze. Wie Tschechows Gewehr wird die Popcorn-Maschine im Verlauf der Geschichte offensichtlich eine entscheidende Rolle spielen. Aber wie??? Dann beginnt auf einmal das Poppen! Die Katze kann nur halbherzig mit der Pfote auf den gewölbten Deckel schlagen. Das ist große russische Literatur!

21. ROOMBA (STAUBSAUGROBOTER)

Oder sonst eine der vielen Dutzend Marken für tellergroße, roboterhafte Fußbodenreiniger, die uns das Leben so viel leichter gemacht haben. Bedienen Sie den Roboter wie angegeben, und falls Ihre Katze wie alle anderen Katzen des Universums ist, zieht der Apparat sie auf magische Weise an. Vielleicht wird sie auch von dem überwältigenden Verlangen ergriffen, oben auf dem Roboter zu sitzen und durch Ihre Küche zu fahren wie der Papst über den Petersplatz. Lassen Sie ihr das Vergnügen. Und basteln Sie vielleicht eine kleine Bischofsmütze, die sie während der Fahrt trägt.

22. TASCHENLAMPE

Katzen jagen gerne Schatten (siehe Nr. 18), es leuchtet also ein, dass sie auch gerne das Gegenteil von Schatten jagen, nämlich Licht. Wirbeln Sie den Lichtkegel in einem dunklen Raum herum. Sehen Sie zu, wie sich die Katze in der vergeblichen Bemühung windet, die Bewegung zu stoppen. Fesselnd! Sie haben schon daran gedacht, die Kamera auf Restlicht-Aufnahme einzustellen, oder? Großartig, Sie haben soeben eine Stunde verschwendet.

23. HUNDE

In jeder Beziehung gibt es einen, der liebt, und einen, der geliebt wird. Das sagen zumindest die Franzosen. Und wenn es sich dabei um Hunde und Katzen handelt, haben sie recht. Halten Sie jeweils ein Exemplar von beiden in Ihrem Haus, überschüttet die Katze den Hund

Ob es sich dabei um aufrichtige Zuneigung handelt oder um eine Art Katzen-Psychospielchen, ist unklar.

unweigerlich mit Zuwendung. Der Hund lässt alles über sich ergehen, vielleicht aus Angst. Ob es sich dabei um aufrichtige Zuneigung handelt oder um eine Art Katzen-Psychospielchen, ist unklar. Aber der Niedlichkeitsfaktor befindet sich jenseits von Gut und Böse! Welpen funktionieren übrigens auch gut.

24. CHRISTBAUM

Wenige Zustände sind für Ihre Katze so verwirrend wie die Weihnachtsfeiertage. Auf einmal wächst ein *Baum* im Wohnzimmer? Was zur Hölle??? Kein Wunder, dass sie in diesem Zustand höchster Verwirrung auf den Christbaum klettert, am wertvollen Baumschmuck zupft, die Engel von den Zweigen fegt und möglicherweise den kompletten Aufbau niederreißt! Halten Sie jederzeit die Kamera bereit, falls die Katze den Baum als Sprungbrett verwenden sollte, um von dort aus an Orte zu gelangen, die sie sonst nicht erreichen würde: Lüster, Geschirrschrank, Deckenventilator, Köpfe von Verwandten etc.

25. PAPIERTÜTE

Im risikoreichen Universum des katzenhaften Verhaltens ist vieles ungewiss, aber auf eines können Sie sich verlassen: Wenn Sie eine leere Papiertüte auf den Boden legen, eilt Ihre Katze herbei. Ohne zu zögern steigt sie in die Tüte, rutscht bis zum Boden hinein und dreht sich um, damit sie aus der Öffnung herausschauen kann, ohne dass jemand sie sieht. Sie würde den Rest ihres Lebens so verbringen, es sei denn (a) die Tüte wird mit einem Stock angestupst oder (b) jemand geht an der Tüte vorbei. Wenn beides passiert, BUMM! Dann geht es rund. Katze schnellt hervor, attackiert Beute (Stock oder Person) und zieht sich in die Tüte zurück. Verstrichene Zeit: 0,7 bis 1,3 Sekunden. Schalten Sie direkt eine Wiederholung in Zeitlupe hinterher.

26. WAND

Katzen haben die Neigung zu glauben, dass grundlegende Gesetze der Schwerkraft für sie nicht gelten. Manchmal haben sie recht. Und manchmal liegen sie tragischerweise komplett daneben. Im Filmbusiness ist das bekannt als »Money Shot.« Wenn Sie geduldig sind und / oder nicht genügend Tatkraft haben, Requisiten wie ein Stück Schnur oder einen Freund mit Haaren aufzutreiben, legen Sie Ihre Kamera einfach in die Nähe einer Wand und warten Sie ab. Früher oder später nähert sich Ihre Katze der Wand und springt in dem Versuch, ein Regal oder Fenster zu erreichen, in Richtung Himmel. Beschleunigen Sie den Prozess und kleben Sie eine Sardelle oben an die Wand!

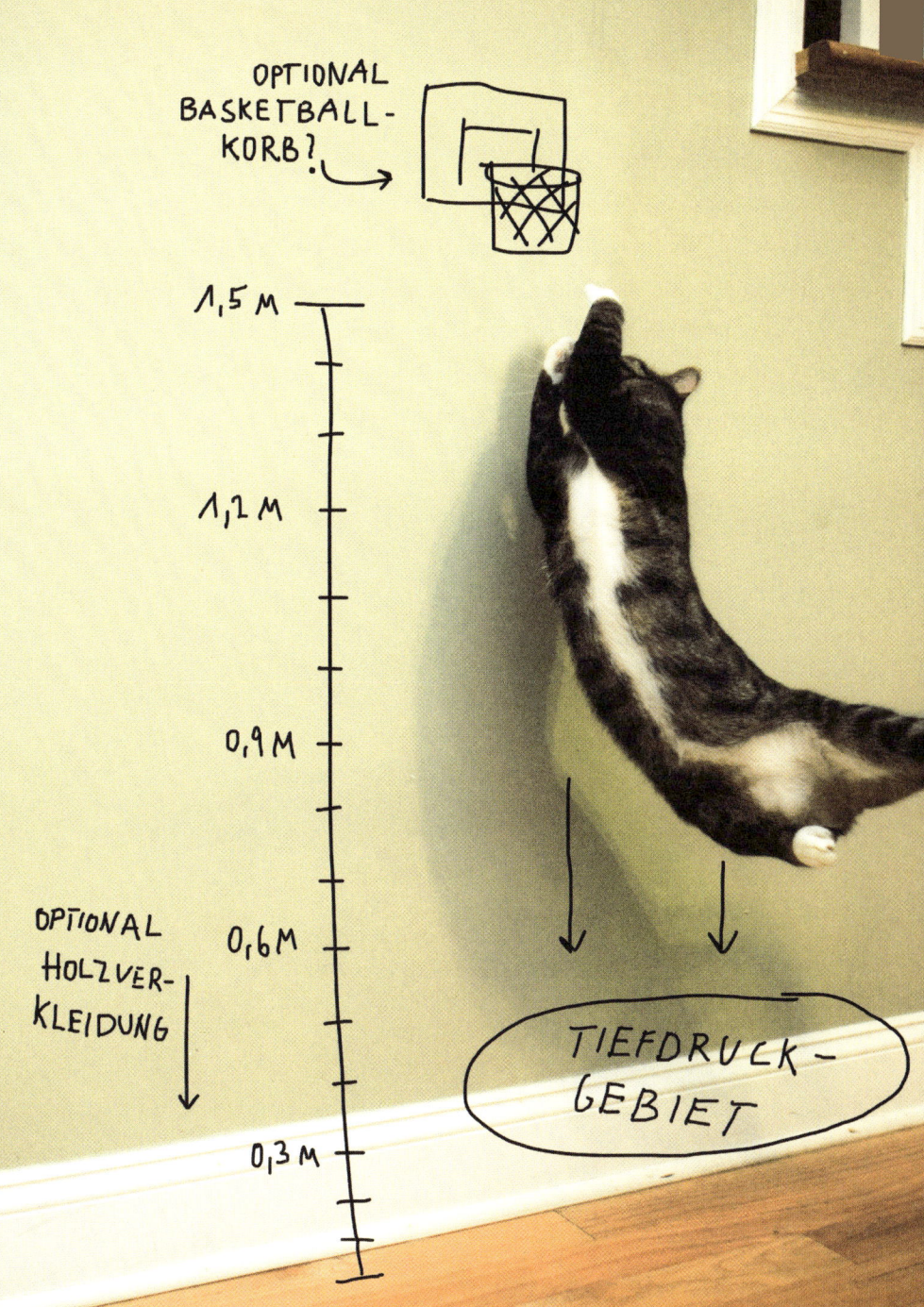

27. APP

Natürlich gibt es Apps, die speziell für die Interaktion mit Katzen entwickelt wurden, aber seien Sie vorsichtig – es könnten Werbeverträge sein. Die sparen Sie lieber für später auf und beginnen mit einer für Menschen gemachten App, vielleicht einem Pizzeriafinder oder Bejeweled Blitz. Gehen Sie mit der Kamera nah ran, während Ihre Katze auf die blinkenden Bildchen und eigenartigen Geräusche reagiert. Schmeißt sie Ihr Smartphone vom Tisch? Versucht sie, in Ihr iPad zu beißen? Klassiker!

HILFE! MEINE KATZE VERWEIGERT JEDES ENGAGEMENT.

Wenn diese idiotensicheren, unfehlbaren Techniken nicht funktionieren, versuchen Sie es mit der altehrwürdigen Technik der Katzen-Vérité. Stellen Sie Kameras in der Nähe der Lieblingsplätze Ihrer Katze auf – hinter der Couch, in einer Obstschale, auf einer anderen Katze – und verziehen Sie sich. Ja, das geht gegen jeglichen Instinkt eines Regisseurs. Aber Sie müssen ja nur den Alltag des Tieres filmen, und wenn Sie dann später das Filmmaterial durchgehen, stoßen Sie bestimmt auf eine aufschlussreiche Chronik der Hoffnungen, Träume und Kämpfe dieses Tieres. Was macht diese scheinbar einfach gestrickte Kreatur den ganzen Tag? Ist sie auf charmante Art zerstörerisch? Hat sie überraschende Momente von Pathos, Drama, Frustration, Hoffnungslosigkeit? Muss sie sich mächtig zusammenreißen, nur um durch den Tag zu kommen? Schnarcht sie?

Wenn die Antwort auf diese Fragen durchweg nein lautet, müssen Sie die Möglichkeit in Betracht ziehen, dass Ihre Katze langweilig ist. Ich frage Sie: Wie sehr hängen Sie an dieser einen Katze? Ist es vielleicht Zeit, sie zu einem einsamen, alten Verwandten abzuschieben und sich ein draufgängerisches Kätzchen zuzulegen?

KAPITEL 3

DER STEILE WEG NACH OBEN

Mittlerweile hat Ihre Katze ihren Job als Performer erledigt. Die Kamera ist aus, Sie haben die Glasscherben aufgefegt und Ihr Star genießt eine wohlverdiente Auszeit in der Sonne. Ab hier läuft es von alleine, oder? Sie müssen nur Ihren Film veröffentlichen und den Geldregen abwarten.

Meine Damen und Herren, Sie leben wohl in einer Traumwelt! Glauben Sie, Sie können einfach früh ins Bett gehen und über Nacht kommen die Heinzelmännchen? Die Chancen dafür tendieren stark gegen Null.

Es ist Zeit, weiterzumachen! Krempeln Sie die Ärmel hoch. Wenn Sie kein Hemd tragen, ziehen Sie sofort eins an und krempeln Sie die Ärmel hoch. Wenn man bedenkt, wie viel Arbeit vor Ihnen liegt, sollten Sie vielleicht sogar in ein Paar altmodische Ärmelhalter investieren, damit Ihre Ärmel hochgekrempelt bleiben.

○ STUTZEN

○ FEILEN

○ ZU GELD MACHEN

AUF GEHT'S ZUR NACHBEARBEITUNG

Wenn Sie den Ratschlägen in diesem Buch buchstabengetreu gefolgt sind, haben Sie ein Juwel des Katzen-Edutainment geschaffen. Aber dieses Schmuckstück ist ein Rohdiamant. Sie müssen diesen Diamanten polieren, bis Sie sich darin spiegeln und im Spiegelbild die Eurozeichen in Ihren Augen leuchten. Und diese Eurozeichen werden aus reinem Gold sein! Willkommen in der wunderbaren Welt der *Nachbearbeitung*. Hier reduzieren Sie Ihr Video nicht nur aufs Wesentliche, Sie veredeln Ihre Vision auch mit Musik, Soundeffekten, Schriftgestaltung und Farbe.

Wie es im Buche steht – oder jedenfalls in diesem Buch.

Da sie Ihre Aufnahmen ja digital gemacht haben (haben Sie nicht? HABEN SIE NICHT?), gibt es mehrere Möglichkeiten, das Rohfilmmaterial so aufzubereiten, dass etwas Zusammenhängendes und Sehenswertes dabei rauskommt. Möglicherweise ist bereits ein Videobearbeitungsprogramm auf Ihrem Computer installiert. Haben Sie sich überhaupt die Mühe gemacht, nachzusehen? Kein Glück gehabt? Naja, wie bei den Kameras ist es wichtiger, ein Bearbeitungsprogramm zu finden, das leicht zu bedienen ist, als sich mit der allerneuesten Technik auszustatten. Besorgen Sie sich möglichst eine kostenlose Demoversion oder probieren Sie das Programm bei einem Freund aus, bevor Sie etwas kaufen.

So macht das auch Guillermo del Toro (vermute ich).

Egal, welches Programm Sie letztendlich benutzen, das Vorgehen ist immer gleich: Sie picken aus der Masse an Videomaterial, das Sie aufgenommen haben, einzelne Ausschnitte heraus und wursteln so lange damit herum, bis Sie eine Sequenz haben, die Ihnen gefällt.

DAS ERSTE K: KURZ UND KNACKIG

Durch häufiges Browsen und Twittern haben Ihre Zuschauer die Aufmerk-samkeitsspanne eines Grauhörnchens. Ihre Gehirne sind nur noch dazu fähig, winzige Häppchen der Eskapaden Ihrer Katze zu verarbeiten, egal wie gewitzt diese Eskapaden auch sein mögen. Ihr Video muss die Zuschauer also möglichst schnell fesseln, ihnen ein gutes Gefühl verschaffen, sie dazu veranlassen, das Video in einem sozialen Netzwerk zu teilen und danach allmählich enden, ehe ihre Aufmerksamkeitspanne zurückgesetzt wird und sie sich einer Slideshow über Promi-Adoptionen widmen. Diese Mission müssen Sie in etwa sechzig Sekunden erfüllt haben.

Unmöglich sagen Sie? *Au contraire*, Pierre. Sehr wohl möglich! Folgen Sie einfach diesem todsicheren Aufbau:

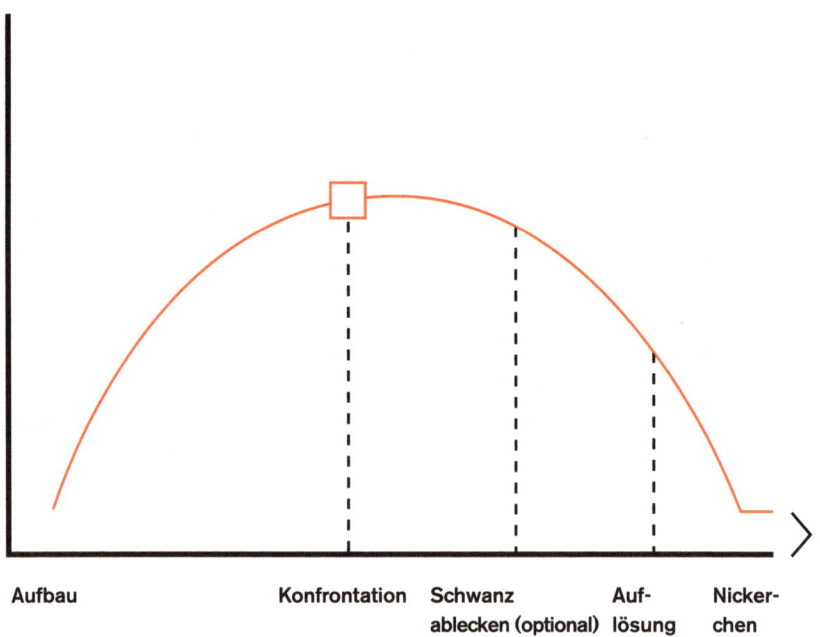

Aufbau		Konfrontation	Schwanz	Auf-	Nicker-
			ablecken (optional)	lösung	chen

DER STEILE WEG NACH OBEN

HANDLUNGSBOGEN EINES KATZENVIDEOS

AKT I: AUFBAU
Protagonist, seine Ziele und das Haupthindernis zwischen ihm und seinem Erfolg einführen

Verstrichene Zeit: 1—10 Sekunden

Beispiel: Arrcat, ein magerer Kater im Piratenkostüm, beäugt Schatztruhe voller Katzenminze auf hohem Regal.

AKT II: KONFRONTATION
Protagonist bietet Hindernissen die Stirn, stellt seine Entschlossenheit auf die Probe.

Verstrichene Zeit: 10—45 Sekunden

Beispiel: Arrcat versucht zappelnd, das oberste Regalbrett zu erklimmen. Haifisch-Handpuppe stößt ihn zurück.

AKT III: AUFLÖSUNG
Höhepunkt. Protagonist erreicht Ziel, gibt sich geschlagen oder löst den Konflikt anderweitig.

Verstrichene Zeit: 45 Sekunden—1 Minute

Beispiel: Arrcat springt über Hai hinweg, landet auf Schatztruhe. Katze und Truhe fallen auf den Boden und der Inhalt verteilt sich überall. Ungefähr zehn bis zwanzig als Matrosen verkleidete Katzen stürmen die Szene und beginnen die Katzenminze zu fressen. Markenzeichen »ARRRRRR!« erscheint in hellgelben Buchstaben auf dem Bildschirm.

DAS ZWEITE K: STIL IST EIN K.O.-KRITERIUM

Da der Markt für Katzenvideos allmählich übersättigt ist, obliegt es den Regisseuren, bildliche Grenzen auszureizen, um einen individuellen, unvergesslichen Stil zu entwickeln.

Der geschäftstüchtige Regisseur von *Henri, Le Chat Noir* hat sich zum Beispiel für einen düsteren Schwarz-Weiß-Look entschieden. Seine Katze war nichts Besonderes, die Kameraführung, wenn's hochkommt, schnörkellos. Und trotzdem hat dieser Regisseur beim erstmaligen Katzenvideo-Festival 2012 den *Golden Kitty*-Award gewonnen. Henri gibt gerade ein Buch heraus, hat einen Werbevertrag mit Friskies, zwanzigtausend Twitter-Follower und eine angehende Bromance mit Christopher Walken. Und das alles nur, weil Urheber Will Braden noch einen draufgesetzt und – bildlich gesprochen – seinen selbstgemachten Taco mit etwas Stil-Salsa verfeinert hat.

Sie können Ihrem Video leicht einen unverkennbaren Look verleihen, indem Sie beim Bearbeiten mit Effekten experimentieren. Erwägen Sie folgende Möglichkeiten:

EFFEKT	ERGEBNIS
Schwarz-Weiß	Abgebrühte Detektivkatze
Sepia	Western- oder Bürgerkriegskatze
Weichzeichner	Romantische Damenkatze
Wassertropfeneffekt	Kapitänskatze
Röntgeneffekt	Doktorkatze
Fischaugeneffekt	bekifft

»Du bist so süß wie saure Sahne, Schwester«

»Dieses Katzenklo ist nicht groß genug für uns beide.«

»Küss mich! Küss mich, miau!«

»Die See ist eine unbarmherzige Geliebte, arr.«

»Ich habe schlechte Neuigkeiten: Es sieht so aus, als hätte jemand Ihre Eier entfernt.«

»Wo hört mein Schwanz auf und wo fange ich an?«

Und vergessen Sie nicht die Überleitung zwischen den Szenen. Am einfachsten ist ein simpler Schnitt: Eine Szene beginnt unmittelbar, nachdem die vorherige Szene zu Ende ist. Das ist holprig, aber die Leute wissen es zu schätzen, dass Sie sich an die Realität halten. Sie könnten vielleicht den Verlauf beruhigen, indem Sie zwischen den Szenen aus- oder überblenden. Dafür gibt es viele Möglichkeiten, und jede hat eine Bedeutung: eine umgeschlagene Seite (Das Leben ist wie ein Buch!), ein Uhrzeiger (Tempus fugit!), eine Herzform (oooooh), ein rotierender Würfel (Achtung! Würfel!). Treffen Sie Ihre Wahl sorgfältig.

DAS DRITTE K: SORGEN SIE FÜR SOUNDEFFEKTE UND ALLE MÖGEN DAS VIDEO

Gewiss lieben die Leute es, etwas zu hören. Und Musik kann Ihrem Clip ein bisschen Dramatik verleihen, daher bietet es sich an, Ihre Musiksammlung zu durchforsten und mit einer bunten Auswahl einen mitreißenden, emotionsgeladenen Soundtrack zu kreieren. Aber Vorsicht: Bei Verwendung von urheberrechtlich geschützter Musik muss der Reichtum Ihrer Katze womöglich bald für heftige Anwaltskosten herhalten. Was also macht ein armer Katzenvideofilmer? Naja, Sie könnten die Klangdateien verwenden, die mit Ihrer Bearbeitungssoftware geliefert wurden. Die sind lizenzfrei. Glaube ich. Genau genommen, ist das schwer zu sagen, daher sollten Sie vermutlich mal das Kleingedruckte lesen … in dem kleinen Heftchen, das Sie weggeschmissen haben.

Eine andere Möglichkeit wäre, online nach Musik zu stöbern, die mit einer Creative-Commons-Lizenz verfügbar ist, was für gewöhnlich »kostenlose Musik« heißt. (Streng genommen heißt das »einige Rechte vorbehalten«, vielleicht sollten Sie also vorher genau nachschauen, welche Rechte sich der Künstler vorbehält, bevor Sie Ihr Video mit seiner Musik unterlegen.) Wenn Sie ein Extra-Budget für die Tongestaltung haben, können Sie auch lizenzfreie Musik und Audioclips kaufen. Sie bezahlen eine einmalige Gebühr und verfügen dann über die uneingeschränkten Rechte am Material. Kostenlos wäre zwar besser, aber so kommen Sie vermutlich an qualitativ hochwertigere Musik heran, schließlich wird jemand dafür bezahlt, sie zu komponieren.

Was Sie vielleicht noch brauchen, ist Gelächter vom Band oder ein paar Raketenexplosionen. Sie wissen schon, in welchem globalen Computer-Verbundsystem Sie suchen müssen, um eine große Auswahl kostenloser Soundeffekte zu finden. Genau!

DER LETZTE SCHLIFF

Inzwischen haben Sie schon mehr Stunden mit der Videoversion Ihrer Katze als mit der echten verbracht. Sie haben sogar schon eine Pizza bestellt und dann versucht, sie schneller ankommen zu lassen, indem Sie die Wartezeit ausblenden. Also warum hauen Sie das Ding nicht raus und freunden sich wieder mit den Dingen an, die Sie früher mal für ganz normal gehalten haben, wie Sonnenlicht und In-ganzen-Sätzen-sprechen?

Mit den Worten einer typischen mexikanischen Katze: »Ai, ai ai! Mañana, Amigo!«Vielleicht lösen Sie sich mal eine Nacht von Ihrem Bildschirm und kehren dann ausgeschlafen wieder zurück.

Um es mit den Worten einer mexikanischen Katze zu sagen, »Ai, ai ai! Mañana, Amigo!«

Laden Sie einen oder zwei zuverlässige Freunde für einen Preview des Clips zu sich ein (vorher müssen sie natürlich eine Geheimhaltungserklärung unterschreiben). Seien Sie offen für Feedback.

Und zu guter Letzt noch eine Kleinigkeit: Sie haben hier ein winziges bisschen geistiges Eigentum – das will geschützt sein! Brandmarken Sie Ihr Video also wie ein Viehzüchter seine besten Zuchtbullen. Erstellen Sie mit Photoshop oder Illustrator ein einfaches Logo – vielleicht ein winziges Kätzchen mit Eurozeichen statt Schnurrhaaren? – und packen Sie es in die untere Ecke des Bildes. Außerdem sollten Sie den Link zur Website Ihrer Katze einblenden. Und eine Website für Ihre Katze gestalten.

BEREIT ZUM HOCHLADEN!

Endlich ist der Augenblick gekommen. Sie sind drauf und dran, etwas Mächtiges zu entfesseln, nach dem sich die Welt verzweifelt sehnt, auch wenn sie es noch nicht weiß. Etwa so wie Alexander Flemings Entdeckung des Penizillin. Aber, fragen Sie, wie sollen die Früchte Ihrer Arbeit ein Millionenpublikum erreichen?

Ich beantworte die Frage mit einer Gegenfrage: Haben Sie schon mal von YouTube gehört?

Mal ernsthaft, wenn Sie noch nie auf YouTube waren, weiß ich nicht, warum Sie ein Exemplar dieses Buches besitzen. Aber ich bin da ganz wertfreiunvoreingenommen: Vielleicht sind Sie in einer Sekte aufgewachsen, die Elektrizität verbietet und sich stattdessen Bärte wachsen lässt und Seife herstellt. Vielleicht kamen Sie erst kürzlich aus dem Gefängnis. Wie auch immer, Käpt'n 2003.

Bei YouTube handelt es sich um eine erstklassige Online-Website zum Teilen von Videos. Sie ermöglicht jedem, seine Videoclips mit jedermann zu teilen. Dabei kann das richtige Video – Ihres, wenn Sie es nicht vermasselt haben – rasend schnell Millionen von Zuschauern gewinnen und zum weltweiten Favoriten werden.

Vielleicht hätte ich das schon früher erwähnen sollen, aber *von dieser Voraussetzung hängt so ziemlich Ihr komplettes Vorhaben ab, stinkreich zu werden.*

Um Videos hochladen zu können, brauchen Sie einen YouTube-Account, die Anmeldung ist aber ganz einfach. »Loggen« Sie sich einfach in Ihren Browser ein, gehen Sie auf YouTube.com, machen Sie den »Neu bei YouTube«-Link ausfindig und folgen Sie den Anweisungen. Sobald Sie Ihren Account eingerichtet haben, können Sie endlich die Früchte Ihrer Arbeit HOCHLADEN und TEILEN! Hochladen ist kinderleicht, Sie müssen nur den Hochladen-Button anklicken und den Clip auswählen. Und das sollten Sie jetzt auch schleunigst tun.

ABHAKEN, SIE SIND FERTIG! (NICHT WIRKLICH).

Okay, Video hochgeladen! Sind Sie schon berühmt? Natürlich nicht. Denn, Überraschung! Es gibt noch einiges zu tun. Es ist Zeit für den essenziellen Prozess des TEILENS.

Nicht so wie im Kindergarten, als Sie fünf Apfelschnitze hatten und der kleine Jimmy hatte keine und Fräulein Grube hat Sie gezwungen, ihm zwei abzugeben, ohne dass Sie irgendwas zurückbekommen haben.

Nein, diese Version des Teilens läuft eher nach dem Motto: Menschen von der Straße packen und ihnen solange ins Ohr schreien, bis sie weinen – wie einer dieser aggressiven, aufdringlichen, kompromisslosen Werbefeldzüge, die die Leute lieben. Er hat fünf gleichermaßen wichtige Eckpfeiler.

Pfeiler 1: Soziale Medien. Facebook, Twitter, Google+, LinkedIn, äh … Insta-irgendwas. Laden Sie nicht nur Gruppen von Menschen dazu ein, Ihre Videos anzuschauen – ermutigen Sie sie, eine tiefe emotionale Bindung zu Ihrer Katze aufzubauen, um die Leere in ihren dunklen und kalten Herzen zu füllen. Überschwemmen Sie damit sämtliche soziale Netzwerke, für die Sie einen Zugang haben. Dann melden Sie sich bei allen unter einem Pseudonym an und machen das Ganze noch einmal.

Pfeiler 2: Interessenvertretung. Internet-Communities sind grundsätzlich engstirnig und zwanghaft, daher gibt es selbstredend Onlineportale, in denen Leute einzig und allein zusammenkommen, um sich über Katzenangelegenheiten auszutauschen. Treten Sie diesen Gruppen frühzeitig bei und infiltrieren Sie sie, damit Sie, sobald Sie ein Video herausbringen, so »glaubwürdig« sind, dass Sie ernst genommen werden. Gehen Sie zum Beispiel mal auf Catster (neuester Post: »Ich habe meine Katze im Urlaub vermisst, und meine Freunde haben sich deswegen über mich lustig gemacht.«), Catmoji (Mission: »Das Internet mithilfe von Katzen zu einem besseren und schöneren Ort zu machen.«) oder Purrsonals (»Treffpunkt für Katzenliebhaber.«).

Pfeiler 3: Internetpräsenz. Wenn Ihre Videos das Crack sind und YouTube die Crackhöhle, dann ist www.hierkommtdernameihrerkatzehin.de die Straßenecke, an der Sie, der Crackdealer, Tütchen an bedauernswerte Abhängige verteilen.

Auf das Einrichten Ihrer eigenen Website kommen wir im nächsten Kapitel zu sprechen, allerdings nicht sehr ausführlich, also machen Sie sich keine Hoffnungen.

Pfeiler 4: E-Mail. Wir alle haben Freunde und Familie, die »online unterwegs sind«, denen es aber an Know-how mangelt, ein Facebook-Profil zu unterhalten oder einen Shitstorm loszutreten. Aber auch diese einfachen Leute sollten nicht vernachlässigt werden. Schicken Sie ihnen direkte Links zu Ihren Videos, sprechen Sie Klartext und teilen Sie ihnen mit, dass sie die Links anklicken müssen, wenn sie ihrem Leben ein wenig Bedeutung verleihen wollen. Ermuntern Sie sie dazu, die Links weiterzuleiten. Haken Sie mit noch mehr Mails nach.

Pfeiler 5: Jenseits von YouTube. Wir haben YouTube als das gelobte Land der Videos für Sie und Ihre Katze eingeführt. Aber vernachlässigen Sie nicht die anderen Videoportale, die auf die übrigen 0,1 % der Internetnutzer ausgerichtet sind, die nicht YouTube benutzen. Beispiele wären, och, sagen wir, Break.com, Vimeo.com, Metacafe.com, Dailymotion.com und Stupidvideos.com

WIE SIE EINE SUCHMASCHINE MANIPULIEREN

Wenn eine Katze im Wald Keyboard spielt und niemand da ist, um es zu hören, macht es dann ein Geräusch? Wen interessiert das? Der Punkt ist: *Diese Katze verdient nicht einen müden Groschen.* Holen wir Ihre Katze also aus dem dunklen Wald direkt ins Licht des Ruhms, wo sie hingehört.

Stellen Sie sich den typischen Katzenvideo-Liebhaber vor, der bis Feierabend versucht, seinen Lebenswillen aufrecht zu erhalten. In der Flugsicherung oder in der Notrufzentrale oder wo immer diese Person arbeitet, haben sich ein paar unbeobachtete Momente ergeben. Keine Zeit zu verlieren! Sie widmet sich ihrem liebsten Zeitvertreib und betreibt dazu kurze Recherche:

Abgefahrene Katzenvideos
Lustige Katzen
Lustigstes Katzenvideo aller Zeiten
Katze, um sich selbst besser zu fühlen

Die Suchergebnisse sind in Nullkommanichts da. Je nach Stimmung klickt die Person auf etwas Abgefahrenes oder Lustiges. Heiterkeit und/oder Ehrfurcht folgen. Vielleicht werden Leben gerettet. Es ist so einfach! Aber wie können Sie bei so vielen Katzenvideos im Netz sichergehen, dass *Ihr* Video in der Liste der Suchergebnisse dieses Typen ganz oben steht?

Die Antwort: Stichwörter. Suchmaschinen bleiben an solchen Wörtern kleben wie ein diebischer Elefant an dem Zoowärter mit den Erdnüssen in der Tasche. Auf YouTube und anderen Videoportalen können Sie Ihre Videos mit jeglichen Stichwörtern »taggen«, die Ihnen einfallen. Es ist absolut zulässig, die Stichwörter von anderen erfolgreichen Katzenvideos zu übernehmen, fangen Sie also damit an. Später denken Sie sich dann selbst welche aus.

ART DES STICHWORTS	BEISPIEL
Verben und Handlungswörter	Springt, zerstört, schmust
Film- und Fernsehtitel	Stirb langsam, Glee, Barton Fink
Adjektive	Urkomisch, abgefahren, ultrasüß
Prominente	Lady Gaga, Homer Simpson
Lustige oder überraschende Requisiten oder Objekte im Video	Sextant, Wippe, Zune
Keine richtigen Wörter	Awwwwww, LOL, quiiiiietsch
Superlative (je mehr, desto besser)	Am fettesten, lustigstes aller Zeiten, lustigstes süßestes aller Zeiten
Katzen, die berühmter sind als Ihre	Grumpy Cat, Bub, Yoruichi Shihoin
Aktuelle Ereignisse	Präsidentschaftswahl, Salmonellenvergiftung, Golden Globes

Neben Stichwörtern müssen Sie Ihr Video auch mit einem Titel, einer Beschreibung und Tags versehen (die sind wie Stichwörter, aber anders, aber wen juckt das schon). Um Himmels willen, die Arbeit nimmt kein Ende. Glücklicherweise können Sie Ihre Stichwörter für jede Aufnahme verwenden. Das sollten Sie sogar tun! Ganz im Gegensatz zu einem Dreijährigen schenkt eine Suchmaschine Ihnen umso mehr Beachtung, je häufiger Sie etwas wiederholen.

Titel: Wahrscheinlich müssen Sie sich hier auf 100 Zeichen beschränken, bringen Sie also so viele Stichwörter wie möglich unter:

L'il Wayne die Katze **fliegt** wie **Orkan Sandy** in die **Badewanne. Saulustig!**

Wahnsinnskätzchen führt Freudentänze auf, nachdem es einen Origami-**Hai zerstört** hat. **Awwwww!**

Fetteste Katze namens **Madonna** verschlingt **Gingrich**-förmige Kartoffel. **Abgefahren!!!!!**

Heldenhafte ägyptische Katzen protestieren gegen Invasion von **Afghanen**welpe. **Verwunderlich!**

Niedlichere Katze als **Maru** schmust mit **Kate Middleton** Doppelgängerin. **Unglaublich!**

Beschreibung: Verfassen Sie einfach einen kurzen Eintrag, der Ihr Video beschreibt. Halten Sie ihn möglichst detailliert und stichwortlastig, verteilt auf 800 Wörter oder so.

Fügen Sie Links zu anderen Videos, Playlists oder Ihrer Website ein.

Tags: Benutzen Sie hier Ihre Stichwörter. Finden Sie heraus, was bei Google gut läuft und schauen Sie, ob Sie einige dieser Wörter ebenfalls verwenden können. Zum Beispiel, wenn es einen Börsenkrach gibt … naja, in Ihrem Video »kracht« eine Katze auf die Couch und zernagt dort Ihre Geld»börse«. Absolut legitim!

Weißes iPhone, kaputtes Display

Super Bowl

Christina Hendricks, Zusammenbruch auf dem roten Teppich

KAPITEL 4

DIE WELT IST IHR KATZENKLO

Glückwunsch! Überall sprechen die Leute über Ihre Katze. So langsam läuft es, und Sie sehen sich bereits nach einem besseren Mobiltelefon um, für den Fall, dass jemand Sie tatsächlich zurückruft. Aber während Sie mit dieser Rakete ganz nach oben schießen, vergessen Sie niemals, dass Ihnen ein jüngeres, smarteres Kätzchen in einer jüngeren, smarteren Rakete auf den Fersen ist. Eine Katze, die Sie nur zu gern aus Ihrer Rakete schubst und zusieht, wie Ihr Kopf im Weltraumvakuum explodiert, um sich Ihren Platz an der Sonne zu sichern. Wollen Sie das zulassen?

Wer hätte das gedacht. Um Ruhm und Reichtum fest im Griff zu haben, benötigen Sie eine gewaltige PR-Maschinerie mit mehr Armen als ein Krake. Und jeder dieser Arme muss im Cockpit einer anderen Ruhm-betriebenen Rakete sitzen. Daher präsentiere ich Ihnen:

DEN ZEHNARMIGEN KRAKEN
DER MEDIEN-HERRSCHAFT

1. Das Internet. Ebenso wie Sie soziale Medien und das World Wide Web benutzt haben, um die Welt auf Ihre unglaubliche Katze aufmerksam zu machen, so müssen Sie sie unablässig weiter bespielen, damit sich die Prominenz Ihrer Katze so tief in die Weltaufmerksamkeit einbrennt, dass es dampft. Ihre stärkste Waffe ist dabei die Website Ihrer Katze, Ground Zero für die wild dreinblickenden Kultanhänger, die größten Fans Ihrer Katze.

Wie komme ich zu einer Website, fragen Sie? Und wie bekomme ich diese begehrte www.namemeinerkatze.de Webadresse? Verdammt noch mal … Vielleicht habe ich mich nicht klar genug ausgedrückt, aber dieses Buch ist für Leute gedacht, die ihre Katze zu einer Berühmtheit machen und dann für immer von deren Ruhm leben wollen, nicht für Computer-Nerds, deren Vorstellung von Spaß darin besteht, im Keller zu hocken und »Programme« für »Websites« zu schreiben. Sie kennen sicher irgendwen, der eine eigene Website hat, also fragen Sie einfach diese Person. Die gute Nachricht ist, dass es da draußen jede Menge kostenlose Angebote gibt, die Ihnen beim Aufbau einer Website helfen können, allerdings mit begrenzten

Möglichkeiten. Außerdem müssen Sie sich bewusst sein, dass der Aufbau einer Website und das Beschaffen des .de (oder .net oder .wasauchimmer)-Domainnamens, den Sie benutzen wollen, zwei paar Schuhe sind. Wenn der Name noch nicht vergeben ist, bezahlen Sie eine kleine jährliche Gebühr an einen Domainnamen-Registrator und damit gehört der Name Ihnen und nur Ihnen allein. Die meisten Website-Fachleute erledigen das für Sie. Grundgütiger, kann dieses Thema noch langweiliger werden? Lassen Sie uns weitermachen.

Sie müssen sich um den Einsatz sozialer Medien kümmern. Sorgen Sie dafür, dass Ihre Katze eine Facebookseite mit mindestens 200 Freunden hat. Sie sollte immer wieder liken und kommentieren. Melden Sie sie auf LinkedIn an, wo sie sich mit anderen Katzendarstellern vernetzt. Erstellen Sie

Ihrer Katze einen Blog, sodass sie (Ihnen ist schon klar, dass ich damit *Sie* meine, oder?) peinlich genau über alles berichten kann, was sie täglich so treibt. Blog und Website können Sie natürlich auch in einem machen, warum auch nicht?

Außerdem muss Ihre Katze einen aktiven Twitter-Feed haben, wenn sie angesagt bleiben möchte. (Außer Twitter wurde, bis Sie dieses Buch lesen, durch etwas anderes ersetzt, 3D-Drucken oder so). Haben Sie ein Auge auf das, was gerade aktuell ist, und lassen Sie Ihre Katze ihre Ansicht dazu äußern:

#Homoehe: *Homo-Besitzer, Hetero-Besitzer, egal, gebt mir einfach was zu Fressen.*

#Vogelgrippe: *Glaube, ich habe grade einen Vogel mit H1N1 gefressen!!! AAAAAAAAAH*

#NordKorea: *Kim Jong-un braucht ein ausgiebiges 18-Stunden-Nickerchen* **#ZZZZZ**

#PMAO (=Purring my ass off).

2. Merchandising. T-Shirts, Hüte und Krimskrams aller Art mit dem Abbild und geschützten Sprüchen Ihrer Katze – Ihr zukünftiger Lebensunterhalt. Verlieren Sie keine Zeit und bringen Sie sie an den Mann. Aber denken Sie an das Image Ihrer Katze, wenn Sie überlegen, welche Waren Sie anpreisen. Ihr süßes Babykätzchen sollte vielleicht nicht auf einem Schnapsglas abgebildet sein. Oder vielleicht ist das so bescheuert, dass es schon wieder funktioniert. Die Jugend von heute liebt Ironie. Und Jägermeister. Die Wahrheit ist, dass es für jeden beliebigen Gegenstand irgendwo jemanden gibt, der das Gesicht Ihrer Katze darauf druckt: Kissen, Aktenschränke, Verhütungsmittel, alles. Suchen Sie einen Anbieter, der eine kleine Menge druckt, und schauen Sie dann, was sich verkauft.

Monströser fliegender Kugelschreiber?

Was zur Hölle soll das sein?

Sinnloses Dingsda

Kopflose abscheuliche Torso-Hülle

3. Öffentliche Auftritte. Menschenmengen sind oft unangenehm für Tiere, die Menschen eher hassen. Daher ist es wichtig, Ihrer Katze beizubringen, sich gerne inmitten der ungewaschenen Masse ihrer Fans aufzuhalten. Beginnen Sie damit, kurz Schauplätze wie Carl's Jr. oder den Kiwanis Club aufzusuchen. Vernebelte Fans, die Ihre Katze anbeten, werden sie mit Fischöl dazu animieren, mit ihnen zu interagieren. Wenn das alles gut läuft, machen Sie weiter: auf Messen, in Autohäusern und schließlich sogar bei Stapelläufen von Schiffen. Scheuen Sie sich nicht, unverschämte Sonderwünsche von Künstleragenten zu verlangen, zum Beispiel einen Obstkorb OHNE TRAUBEN oder eine Glasflasche (kein Plastik!) Biomilch mit 2% Fettanteil, gekühlt auf nicht mehr und nicht weniger als 3,3 Grad. Solche besonderen Ansprüche befeuern den Ruhm Ihrer Katze.

4. Live Events. Modenschauen, Wohltätigkeitsveranstaltungen, Vernissagen ... Überall wo die Leute Zylinder und Monokel tragen, heißt es für Ihre Katze, sehen und gesehen werden. Sorgen Sie dafür, dass Ihr Kätzchen vor jedem Ausflug Darm und Blase entleert hat, um Unfälle auf dem roten Teppich zu vermeiden.

Investieren Sie in einen Trainer, der Ihrem Kätzchen beibringt, langsam zu gehen und den Fotografen eine vernünftige Aufnahme zu ermöglichen. Üben Sie zu Hause, um den Drang Ihrer Katze zu unterdrücken, sich auf das Blitzlicht zu stürzen.

5. Fernsehen. Es ist unerlässlich, dass Ihre Katze durch die Talkshows zieht, also lassen Sie sich für jede Late-Night-Show buchen, die mit dem Terminkalender Ihrer Katze vereinbar ist. Eine freundliche E-Mail an den

Künstleragenten des Programms sollte genügen, um einen Auftritt auszumachen. Bestehen Sie allerdings darauf, dass für den Abend keine anderen Tierdarbietungen oder Jack Hanna gebucht sind. Nutzen Sie den Auftritt dann für eine Reality-Serie (Niemand ist perrrrfekt! Chroniken einer Katze auf ihrem holprigen Weg zum Erfolg!) und / oder einen Gastauftritt in *Law and Order*: Special Victims Unit.

6. Wohltätige Zwecke. Es ist an der Zeit, dass Ihre Katze etwas zurückgibt, oder nicht? Um sich noch beliebter zu machen, soll sie ihre Bekanntheit nutzen, sich für einen guten Zweck einzusetzen. Kätzchenhandel? Anti-Krallenamputation? Strengere Gesetze zur Hundekontrolle? Völlig egal. Geld sammeln und ein Bewusstsein schaffen sind raffinierte Karriereschritte. Es macht Ihre Katze sympathischer und verleiht einer andernfalls dürftigen Persönlichkeit mehr Größe.

7. Produktwerbung. Das ist der wahrscheinlich schönste Krakenarm von allen. Das Gesicht Ihrer Katze wird durch eine gewaltige Werbekampagne für ein Produkt einem Millionenpublikum bekannt gemacht, und Sie werden auch noch dafür bezahlt! Begehen Sie nicht den Fehler, zu wählerisch zu sein. Wenn Sie Ihre Katze lieber nicht mit hartem Alkohol, Schusswaffen oder verschreibungspflichtigen Medikamenten assoziiert sehen, machen Sie es einfach wie Ihre Lieblingspromis: Unterstützen Sie potenziell peinliche Produkte nur in Werbespots, die nicht in Ihrem eigenen Land laufen.

8. Ein Buchvertrag. Wenn Sie erstmal ein gewisses Level an Ruhm erreicht haben, umflattern die Verleger Sie wie Vampirfledermäuse eine

berühmter
AUTOR

SCHWANZ
DES AUTORS

AUF DER SUCHE
NACH SEINEN BÜCHER

KATZENMINZE –
ZIGARETTE

WENN IHRE KATZE
NICHT MIT EINEM
COMPUTER UMGEHEN KANN,
GEBEN SIE IHR EINE
SCHREIBMASCHINE

schlafende Kuh. Geben Sie sich aber nicht mit dem erstbesten Angebot zufrieden. Warten Sie auf den Bieterkrieg und stellen Sie folgende Fragen: Wie viel Vorschuss gibt es? Wie hoch sind die Tantiemen an den Autor? Verlangen Sie alle Film- und Merchandise-Rechte sowie Mitbestimmung bei der Redaktion (inklusive Artwork). Wie steht es mit einer Lesereise? Internationalen Rechten? Wie sieht der PR-Plan aus? Stellen Sie einfach so lange Fragen, bis Sie keine Lust mehr haben, und nehmen Sie dann das servilste Angebot an.

9. Ein Filmvertrag. Mal im Ernst. Welchen Sinn hat es, ein Buch zu schreiben, wenn Sie nicht wollen, dass es verfilmt wird? Davon abgesehen ist ein Film nichts anderes als ein sehr langes Video, und davon hat Ihre Katze schon viele gemacht. Nichtsdestotrotz müssen Sie kompromisslos sein, um den besten Deal für Ihre Katze rauszuschlagen, denn Hollywood ist voller »Haie«. Ein paar Tipps: Sorgen Sie für einen Kinostart im Sommer. Bestehen Sie auf einen namhaften Regisseur und ein Budget über mindestens 20 Millionen. Verlangen Sie, dass das Skript von Ihnen genehmigt werden muss. Und fordern Sie beim *Back end gross points* ein. Benutzen Sie haargenau diesen Satz – Sie müssen nicht wissen, was er bedeutet. Und lassen Sie sich von denen nicht mit *net points* abspeisen. Die sind wertlos.

10. Den Tod Ihrer Katze vortäuschen. Die Welt muss sich vorstellen, wie es ohne Ihre Katze wäre, um ihre Bedeutung wahrhaft wertschätzen zu können. Aber Sie müssen diesen Schwindel vorsichtig angehen. Lassen Sie zuerst einen zuverlässigen Dritten auf einem gestohlenen Laptop einen

E-Mail Account eröffnen und dann Twitter-Accounts unter drei verschiedenen Pseudonymen anlegen, davon sollte mindestens einer seinen Wohnsitz außerhalb von Europa haben. Dann sollte eine dieser »Personen« sich über ein soziales Netzwerk fragen, was an den »Gerüchten« über das Dahinscheiden Ihrer Katze dran sei. Lassen Sie dann von dem zweiten Scharlatan das Gerücht bestätigen und den dritten gequält wehklagen über die Sinnlosigkeit dieses Verlusts. Das sollte die Tweets und Retweets in Schwung bringen! Halten Sie so lange die Füße still, bis Ihr Pressesprecher Sie darüber informiert, dass die Berichterstattung nachlässt. Dann muss jemand durch einen Spalt im Vorhang einen Blick auf Ihr Haustier erhaschen. Die meisten Fans sind bestimmt überglücklich, dass ihr geliebtes Idol putzmunter ist, nur ein paar arme Irre werden sich weigern, den Indizien Glauben zu schenken (Bonus: Deren Verschwörungstheorien bringen Ihre Katze ins Gespräch, wenn es mal etwas ruhiger um sie geworden ist).

MEINE KATZE IST EINE INTERNET-BERÜHMTHEIT – WAS JETZT?

Wenn Sie die Ratschläge dieses Buches befolgt haben, sind Sie und Ihre Katze nun wohlhabender, als Sie es sich in Ihren wildesten Träumen ausgemalt haben. Begehen Sie allerdings nicht den Fehler zu denken, Ihre Arbeit wäre damit erledigt. Mit den Worten von Notorious B.I.G: »Mo' money, mo' problems.« Irgendwie muss Biggie gewusst haben, dass ihn sein Ruhm und sein Reichtum bald mit dem größten Problem überhaupt konfrontieren würden: einem Mordanschlag. Wird Ihre Katze dasselbe Schicksal ereilen?

Oder Sie? Nein, nicht zwangsläufig. Aber während Ihre Katze sich eine Gefolgschaft aufbaut, wird sie auch scharenweise Verlierer anziehen, die alle ein Stück Ihres sorgfältig verwirklichten Traums ergattern wollen. Ihre Aufgabe ist es also, sie wegzuzupfen wie Flöhe.

Leute, die sich ausgeben als ...	sind eigentlich ...
Personaltrainer	Drogendealer
Ernährungsberater	Drogendealer
Stylisten	Drogendealer
Manager	Zuhälter
Steuerberater	Diebe
Schauspiellehrer	Kellner

Aber Trittbrettfahrer und Drogendealer sind nicht die einzigen Probleme, die Sie während des Aufstiegs Ihrer Katze zum Star bewältigen müssen. Hier einige Klippen, die ein berühmtes Kätzchen in der riskanten Welt der internationalen Prominenz umschiffen muss.

Promi-Fehde. Natürlich geraten Sie und Ihre Katze in Versuchung, mit ihrem Erfolg beim anderen Geschlecht, ihrem Geld, ihrem opulenten Lebensstil und ihrer Überlegenheit über andere Katzen-Performer anzugeben. Solches Benehmen ist geschmacklos und ungebührlich für einen Star. Das ist auch der Grund, weswegen es Biggie erwischt hat. Bleiben Sie bescheiden. Wenn Sie abfällige Kommentare über andere Promis machen müssen, suchen Sie sich einen aus, der erbärmlich und tot ist, wie Don Knotts, oder mit der Öffentlichkeit auf Kriegsfuß steht, wie Mel Gibson.

Wenn Sie jemanden treten wollen, vergewissern Sie sich, dass er bereits am Boden liegt.

Überexposition. Gehen Sie die Rollen- und Werbeangebote sorgfältig durch. Die Versuchung ist groß, jeden Euro mitzunehmen. Das ist der Geschäftssinn. Aber die Öffentlichkeit ist flatterhaft. In der Zeit, die man benötigt, von einem Jahrmarktauftritt zum nächsten zu reisen, kann Ihr Kätzchen von HEIß zu SCHEIß absteigen. Lösung: langer Urlaub.

Hater. Werden haten ... das ist ihr Ding. Also sagen Sie sich und Ihrer Katze, dass sich hinter diesen bösen Zungen nur abgebrannte Versager verbergen, die selbst keine berühmte Katze besitzen und auch nicht die Fähigkeit, eine zu erschaffen. Wenn diese Negativität Ihre Katze deprimiert, dann streicheln Sie sie.

Burnout. Es kann frustrierend sein, Ihre Katze zu motivieren, sich immer noch mehr anzustrengen. Sie sind vielleicht versucht, ihr »nur dieses eine Mal« Amphetamine zu geben. Und ganz bald werden daraus Beruhigungsmittel, damit sie schlafen kann, und am Wochenende Crack als Bonbon. Ein teurer Spaß, nur um den Zeitplan einzuhalten! Sie sind besser dran, wenn Sie alle Dreharbeiten und Auftritte auf die zwei oder drei Stunden legen, in denen Ihre Katze aktiv ist. Lassen Sie sie nicht rund um die Uhr arbeiten, sondern besorgen Sie Werbeaufträge für Decken, Kissen und Bettwäsche, damit sie die Arbeit im Schlaf erledigen kann.

Geschwisterneid. Andere Tiere in Ihrem Haus fühlen sich vielleicht übergangen, wenn Sie Ihre Aufmerksamkeit ausschließlich dem Superstar-Kätzchen widmen. Binnen kurzem ruinieren sie Ihre Teppiche, und schließlich schreibt ein Nachbar oder Verwandter eine Enthüllungsstory über Ihre mangelhafte Elternkompetenz. Ersticken Sie dieses Problem im Keim, indem Sie sämtliche faule Haustiere versteigern. Lassen Sie die Meistbietenden eine Geheimhaltungserklärung unterzeichnen, die ihnen verbietet, sich am berühmten Namen Ihrer Katze zu bereichern.

Boulevardzeitungsgerüchte. Es ist traurig, sich vorzustellen, Personen aus Ihrem engsten Freundeskreis könnten so tief sinken und Geschichten über Ihre Katze an die US Weekly verkaufen. Aber Boulevardblätter bieten große Summen für Katzendreck. Stellen Sie sich auf wilde Spekulationen über Schwangerschaften, Abhängigkeit und Wutausbrüche ein. Denken Sie einfach daran, jede Presse ist gute Presse, und halten Sie sich an die idiotensichere Regel sämtlicher Promis und Politiker: leugnen, leugnen, leugnen, entschuldigen.

Stalker. Es gibt verrückte Menschen auf der Welt – Menschen, die in persönlichen Beziehungen oder erfolgreichen katzenbasierten Karrieren keinen Sinn finden. Diese Menschen brauchen etwas, um die schreckliche Leere zu füllen. Dieses Etwas könnte Ihre Katze sein – genau genommen hängt Ihre gesamte finanzielle Zukunft davon ab, dass Ihre Katze dieses Etwas *ist*. Allerdings nur in der *Fantasie*. Wenn eine Dame in Ihrem Haus auftaucht und behauptet die Ehefrau Ihrer Katze zu sein, geht das zu weit. Investieren Sie also in einen zuverlässigen Sicherheitsdienst, bevor es soweit kommt.

Eine Möglichkeit wären Mossad-Veteranen, oder hängen Sie einfach diese altmodischen Ladenglocken an alle Türen, damit sich niemand einschleichen kann.

Paparazzi. Erbarmungslose Paparazzi sind eine Schattenseite des Ruhmes, helfen Ihrer Katze aber dabei, im Licht der Öffentlichkeit zu bleiben. Sorgen Sie also dafür, dass Ihr Starkätzchen immer gut aussieht, wenn es das Haus verlässt, auch wenn es nur nach nebenan geht, um ein Häufchen in den Sandkasten der Nachbarn zu setzen. Auch Sie sollten immer adrett gekleidet sein.

Katzenminze-Sucht. Nach einem langen Tag mit Dreharbeiten, öffentlichen Auftritten, Fototerminen und einer »Pfotogramm«-Stunde für ihren Fanclub fällt es Ihrer Katze womöglich schwer, sich zu entspannen. Und ehe Sie es sich versehen, knallt Sie sich jeden Tag die olle Minze (auf der Straße auch bekannt als »Wirbelminze«, »KM«, »Katzen-Koks«, »Krrraut«, »Kitty jane« und »Crackminze«) rein. Halten Sie Ihre Katze clean und nüchtern, indem Sie Arbeitstage vernünftig planen und Zeit lassen für Nickerchen, gesunde Ernährung und regelmäßige Bewegung zur Ausschüttung natürlicher Endorphine. Sparen Sie sich das Zeug für den gesetzlich zulässigen, gelegentlichen Gebrauch zur Erholung auf.

Ungewollte Schwangerschaft. Bitte, verehrte Damen und Herren, sterilisieren und kastrieren Sie Ihre Haustiere. Mutter- und Vaterfreuden reißen ein erhebliches Loch in die Verdienstkasse Ihrer Katze. Ein einziger Wurf kann acht Kätzchen zählen! Das sind eine Menge Mäuler, die Ihre Katze

dann stopfen muss. Und jedes dieser Kätzchen kann in nur wenigen Monaten eigene Kätzchen haben. Die fabelhaften Gene Ihrer Katze breiten sich in der Katzenpopulation aus wie ein Lauffeuer, und früher oder später sind ihre unverkennbaren Eigenschaften allgegenwärtig und nicht mehr zu vermarkten. Darüber hinaus bekommt eine sexuell aktive Katze eher keine Werbeangebote von familienfreundlichen Unternehmen wie Disney, Sears oder der UnitedHealth Group.

Nervenzusammenbruch. Nicht alle Katzen sind für den Ruhm geschaffen. Genau genommen sind sie als Spezies grundsätzlich eher zurückhaltende und einzelgängerische Tiere. Aber Sie haben das Tier ins Rampenlicht gedrängt, und jetzt zahlt es den Preis dafür: seine emotionale Gesundheit. Ganz ehrlich, Sie sind daran schuld und sollten sich schämen. Aber keine Panik. Für den Fall, dass die Katze dabei erwischt wird, wie sie orientierungslos durch die Straßen irrt oder sich zum Affen macht, indem sie in der Öffentlichkeit Haarballen hochwürgt, schieben Sie es am besten auf Dehydration. Geben Sie per Pressemeldung eine Entschuldigung heraus und ziehen Sie sie aus der Öffentlichkeit zurück. Und sechs bis neun Monate später beginnt ihr inspiriertes Comeback – allen Widrigkeiten zum Trotz.

Meine Katze will mich feuern. Ihre Katze will also Ihre persönliche Beziehung aufrechterhalten, Sie aber aus ihren geschäftlichen Angelegenheiten ausschließen. Das nennt man »einen auf Beyoncé machen«, und Sie sollten nicht unvorbereitet sein, wenn Ihre Katze das versucht. Beyoncés Vater hätte sie niemals einen Mogul wie Jay Z heiraten lassen sollen. Es hat ihn Kind und Karriere gekostet und eine unschöne Begegnung mit

WARNSIGNALE,

DIE DARAUF HINWEISEN, DASS IHRE KATZE DIE NERVEN VERLIERT. ⚠

2. WAHNSINNIGE AUGEN

3. ANGELEGTE OHREN

1. FAUCHEN

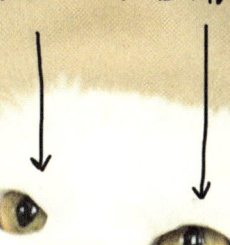

	FRÖHLICH	WÜTEND
OHR		
AUGE		
SCHWANZ		

dem Bundesrechnungshof nach sich gezogen. Glücklicherweise haben Sie noch ein Ass im Ärmel, das die meisten elterlichen Manager nicht haben: Ihre Katze ist Ihr rechtmäßiges Eigentum. Sorgen Sie dafür, dass Sie diese Behauptung mit Adoptionsunterlagen oder einer Kaufurkunde stützen können, setzen Sie obendrein ein paar wasserdichte Management-Verträge auf, die Ihnen vollkommene Kontrolle über das Tier bis an sein Lebensende gewähren.

Meine Katze hat ein Einstellungsproblem. Haben Sie eine Diva erschaffen? Besteht Ihre Katze auf güldenes Katzenstreu oder Zuchtperlen in ihrer Milch? Vielleicht haben Sie den Fehler begangen, Ihre Katze in dem Glauben zu lassen, sie sei unersetzbar. Lösung: Statten Sie dem nächstgelegenen Tierheim einen Besuch ab, um ihr zu zeigen, dass es einige akzeptable Kätzchen in diesen Käfigen gibt, die nur zu gern in ihre Pfotenstapfen treten würden.

Meine Katze möchte sich emanzipieren. Kommt es vor, dass Ihre Katze tagelang verschwindet und dann mit Milch an den Schnurrhaaren und einem Halsband, das Sie nicht kennen, zurückkehrt? Lassen Sie es nicht zu, dass Ihr tägliches Brot loszieht, um sich eine neue Familie zuzulegen. Wenn Sie Ihren Papierkram sorgfältig erledigt haben, hat sie keine Chance, ihre Zuneigung einem anderen Haushalt zu schenken, wo ihr sicher niemand erlauben wird, Hackbällchen die Treppe hinunterzujagen oder in einen Blumentopf zu krabbeln. Wenn nötig, fälschen Sie Dokumente, um Ihre Sicht der Dinge zu belegen.

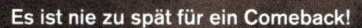

Es ist nie zu spät für ein Comeback!

Alle dachten, Messiah Kittys Karriere wäre vorbei, als er versehentlich im Trockner eingeschlafen ist, aber drei Tage später waren seine Videos beliebter als je zuvor!

WIE GEHT ES FÜR MICH UND MEINE KATZE JETZT WEITER?

Früher oder später muss auch ein supererfolgreicher Impresario wie Sie sich eingestehen, dass man nicht unendlich viel mit einer Hauskatze anstellen kann. Wenn Sie die in diesem Buch beschriebenen Prinzipien sorgfältig befolgen, haben Sie sich wahrscheinlich einige glückliche Jahre an der Spitze der Netzkatzen-Front gesichert. Das ist für einen Web-Star schon ziemlich ordentlich. Die *tanzende Banane* dachte, die guten Zeiten würden ewig so weitergehen, aber wo ist sie jetzt? Die Zeit für Erdnussbutter mit Marmelade ist definitiv vorbei.

Ist es vorbei? In gewisser Weise, ja. Aber in einer anderen, weniger sachlichen Weise, nein. Nehmen Sie auf jeden Fall weiterhin die reizenden Eskapaden Ihrer Katze auf und sammeln Sie das Filmmaterial. Früher oder später wird die Öffentlichkeit wieder empfänglich sein für das Talent Ihrer Katze, und wenn es so weit ist, sollten Sie nicht mit leeren Händen dastehen. Veröffentlichen Sie bis dahin die Videos sparsam, eines nach dem anderen, dann reicht Ihr Filmmaterial bis in Ihre goldenen Jahre. Fakt: »Keyboard Cat« wurde in den 1980ern gefilmt, aber erst zwei Jahrzehnte später zur Sensation. Wer weiß, welchen Reichtum der Besitzer erlangt hätte, wenn er weiter Filme aufgenommen und katalogisiert hätte? In der Tat sind Katzen ein zeitloses Gebrauchsgut.

Allerdings wird eines Tages auch der treueste Fan genug von Ihrer Katze haben. Die Besucherzahl ihres Blogs wird abnehmen; die Kommentare werden halbherzig, ja sogar abfällig werden. *Abfällig,* nach all der Freude, die Sie der Welt bereitet haben!

DIE WELT IST IHR KATZENKLO

Naja, Sie sollten in Würde gehen. Verkünden Sie, dass Ihre Katze sich zur Ruhe setzt, planen Sie eine zwei- bis dreijährige Abschiedstour, bringen Sie einen Film mit den größten Hits und einen Bildband heraus. Gründen Sie womöglich eine Stiftung, um ein kleines Museum zu finanzieren, das ihrer Karriere gewidmet ist. Warten Sie den geeigneten Augenblick ab und treten in ein paar Jahren einer Web-Oldie-Truppe bei, die von Uni-Campus zu Uni-Campus tourt.

Und was passiert mit Ihnen, nun, da Ihre Katze ausgedient hat? Ihre Träume sind wahr geworden, und Sie genießen Ihren wohlverdienten Reichtum und leben wie die Made im Speck. Stimmt's?

Ich bezweifle es. Sie sind nämlich jemand, der Risiken eingeht, und eine Person, die alles riskiert, für einen Wohlstand, der auf Katzenvideos basiert, klammert sich nicht an diesen Wohlstand, nicht einmal, wenn er unwahrscheinlicherweise groß genug wäre. Daher nehme ich an, es dürstet Sie nach der nächsten Herausforderung, teils, weil Sie aus der Not eine Tugend machen und teils, weil man Ihnen im Lebensmittelgeschäft keinen Kredit mehr gewährt. Hab ich recht? Da dies der Fall ist, lassen Sie uns diese Abhandlung mit einigen Vorschlägen für Ihr nächstes aufregendes Projekt beenden.

Einen Kinderstar managen. Sie wissen bereits, wie man mit einer kapriziösen Laune der Natur umgeht, deren kurze Karriere auf einem niedlichen Äußeren und einem Fünkchen Talent basiert. Warum also nicht die nächste Sprosse der Leiter erklimmen und mit einem Kinderschauspieler arbeiten? Ein paar Methoden werden Sie ablegen müssen, zum Beispiel ihn in einem Karton schlafen zu lassen. Andere hingegen, wie Wasserspritzer zur negativen Verstärkung, lassen sich recht gut übernehmen.

Wie wäre es mit einer Ziege? Während dieses Buch in den Druck geht, berichtet Google Trends von einem starken Aufkommen der Suchanfragen für Ziegen-Videos. Einigen Berichten zufolge ist die Zahl der Ziegen-Suchanfragen inzwischen sogar höher als die Zahl der Katzen-Suchanfragen. Vorteil: Sie können Konservendosen und Socken verfüttern.

Versuchen Sie es mit einem Faultier. Einst war das gemeine Faultier ein Sinnbild für Faulheit und Dummheit, heute gilt es zunehmend als süß, kuschelig und trendy. Vorteil: Es haut während eines Videodrehs nicht vom Set ab. Nachteil: Es ärgert und beißt Sie womöglich, wenn auch sehr langsam.

Legen Sie sich noch eine Katze zu. Warum nur eine Katze managen, wenn Sie auch ein ganzes Imperium aufbauen könnten?

Frisst Konservendosen

Frisst Blätter

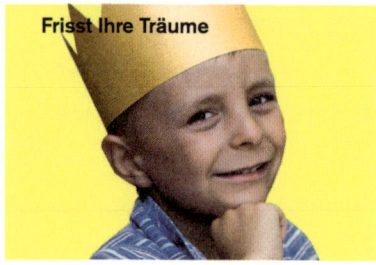

Frisst Ihre Träume

Frisst die Konkurrenz

DIE WELT IST IHR KATZENKLO

EINE STAR-GALERIE

Der Weg zu Ruhm und finanzieller Unabhängigkeit durch die Internet-Beliebtheit Ihrer Katze mag manchmal unerreichbar fern erscheinen. Aber Dutzende Katzen haben mit den in diesem Buch beschriebenen Methoden die höchste Stufe des Erfolgs erklommen. Wann immer Sie sich geschlagen fühlen, schauen Sie sich einfach diese heilige Liste berühmter Katzentalente an. Diese Katzen sind wahre Helden und sollten eine Inspiration für uns alle sein.

SOUPY,
DIE NUDELKATZE

Echter Name: Tinky

Als Ben Fritz aus Lubbock, Texas, seinen vorwitzigen Stubentiger dabei ertappte, wie er die Nudeln aus seinem Teller Hühnersuppe fischte, war er zunächst wütend. Aber als er die Szene mit seinem Smartphone aufnahm, um sie einem Verhaltenstherapeuten zu zeigen, wurde ihm klar, wie unterhaltsam ein Video von einer mit Eiernudeln bedeckten Katze ist. Seitdem hat Soupy, die Nudelkatze, in über 200 Internetvideos (wer könnte »Won Ton Screwy« vergessen) die Hauptrolle gespielt und kürzlich einen Werbevertrag für Tabatchnick-Tiefkühlsuppen an Land gezogen.

SARCASTI-CAT

Echter Name: Clyde

Vielleicht haben Sie schon mal eine elektronische Postkarte mit dem Bild von Sarcasti-cat und einem ihrer typischen, sarkastischen Kommentare bekommen: »Jaaa … genau« oder »Kluuuuger Schachzug, Einstein« oder sogar »Miau. Diesmal mein ich's wirklich ernst.« Sie finden ihre herablassende Miene auf T-Shirts, Kaffeebechern und Duschvorhängen. Und verpassen Sie auf keinen Fall Sarcasti-cats Gastauftritt in der Pilotfolge von *CSI: Haustier-Mordkomission.*

TWO-TAIL

Echter Name: Misty

Ann Wong aus Carson City, Nevada, war mit einer unscheinbaren Katze gestraft, die unfähig schien, ein auch nur ansatzweise interessantes Verhalten an den Tag zu legen. Aber sie ließ sich durch diesen Missstand nicht von ihren Träumen abbringen: Sie steckte ihrem Haustier einfach einen falschen Schwanz an, und siehe da, Two-Tail, die Katze mit Doppel-Fortsatz ward geboren. Banales Katzenverhalten wie fressen, Spielzeug nachjagen, schlafen ist unglaublich faszinierend, wenn es eine zweischwänzige Katze tut. Two-Tails Millionen von Fans können das bestätigen.

DIE WELT IST IHR KATZENKLO

FLUFF

Echter Name: Fluff

Was machen Sie, wenn Ihre Katze so niedlich ist, dass Kinder sie die ganze Zeit streicheln wollen, und so bösartig, dass sie ihre Beißer im erstbesten kleinen, dicken Finger versenkt, der ihr Sichtfeld kreuzt? Estelle Smith aus Cricket, Ohio, hat ein schreckliches Negativ zu einem lukrativen Positiv entwickelt, indem sie das Ergebnis gefilmt hat. Umstritten und aufsehenerregend beweist die Fluffs-Zorn-Videoreihe, dass Blutrünstigkeit und niedliches Aussehen einander nicht ausschließen.

**GOOD BUDDY, DIE
LKW-FAHRER-KATZE**

Echter Name: Paul

Wenn Sie jeden Tag zehn Stunden einen Sattelschlepper fahren, hilft es, einen Gefährten zu haben, der nicht viel redet und die Ratten fernhält, während Sie schlafen. Aber als »Big« Ed Brown Bilder seines Katers über soziale Medien teilte, wurde Good Buddy, die LKW-Fahrer-Katze, sein Ticket zur Frührente. Gewiss haben Sie Good Buddy schon mal mit seiner LKW-Fahrer-Kappe und einem lustigen Spruch wie »Eher würd' ich Haarballen auskotzen« und »Gleicher Scheiß … anderes Katzenklo« gesehen.

RIGHT-SIDE-UP CAT

Echter Name: Bella

Marsha Nutella hatte einen Traum: Sie wollte ihrer Katze beibringen, auf dem Rücken zu liegen und die Beine gerade in die Luft zu strecken, damit sie sie als »Kopfüber-Katze« filmen konnte. Eigentlich ein solider Plan, aber die unkooperative Katze weigerte sich, ihren Part zu lernen. Manche Leute hätten an diesem Punkt aufgegeben, aber Marsha hatte einen Geistesblitz: Sie filmte die Katze aufrecht stehend und stellte digital *alles andere* auf den Kopf. Und damit begann die sagenumwobene Geschichte von Right-Side-Up-Cat, einem einsamen Kämpfer, der in einer Welt, die Kopf steht, aufrecht bleibt.

GOODBYE KITTY

Echter Name: Mittens

Als Brenda Burrows aus Hangnail, Florida, ihrer Katze beibrachte, Türen auf Kommando zu schließen, veränderte sie damit ihr Leben für immer. Die Clips von Goodbye Kitty, in denen sie den Leuten die Tür vor der Nase zuschlägt, sind über Nacht ein Riesenerfolg geworden, denn wer von uns war noch nie versucht, ein langweiliges Gespräch oder einen nervigen Besuch auf diese Weise zu beenden? Religiöse Missionare, Volkszähler, dumme

Nachbarn, lästige Schwiegereltern – sie alle sind Opfer der berühmten »Politik der geschlossenen Tür« von Goodbye Kitty geworden. Und ihr berühmter Spruch »Kein Glück und auf Wiedersehen« ist nur das Tüpfelchen auf dem i.

DIE KATZE, DIE ANGST VOR VÖGELN HAT

Echter Name: Spazz

Wir alle können uns mit den Missgeschicken der Katze identifizieren, die Angst vor Vögeln hat. In ihren Videos geht sie ihren Beschäftigungen nach: fressen, den Flur hinunterlaufen, ihren Hintern ablecken … als plötzlich ohne Vorwarnung ihre größte Angst in Form eines vogelartigen Eindringlings in Erscheinung tritt. Und wenn die Katze, die Angst vor Vögeln hat, panisch flüchtet, dabei von der Wand abprallt und Möbel umwirft, sehen wir darin all unsere Ängste und Befürchtungen gespiegelt. Oh du Katze, die Angst vor Vögeln hat, kannst du jemals gewinnen? Kann es irgendwer von uns?

DANK

Wir danken den folgenden Katzen (und ihren Agenten, Managern, Presse-sprechern und Friseuren) dafür, dass sie diesem Projekt ihre Zeit und ihr Talent zur Verfügung gestellt haben. Wir wünschen ihnen allen Ruhm, Reichtum und neun Leben währende Bekanntheit.

Seite 2, 22, 45 und 56: Jeebus (Emily)
Seite 6: Leo (April)
Seite 10, 17, 41, 85, 101 und 124: Snacks und Chaz (Jamie)
Seite 12, 33, 62 und 99: Bach und Händel (Eugene)
Seite 18 und 124: Luna und Raygun (Vince und Tara D.)
Seite 21 und 123: Lt. Ellen T. Ripley (Timaree und Carl)
Seite 25 und 122: Nigel und Rupert (Alix und Brian)
Seite 26, 54 und 64: Djuna und Zora (Rachel)
Seite 29, 39 und 59: Miko (Joelle)
Seite 30 und 39: Prudence (Tara H.)
Seite 34 und 69: Triscuit (Jerry)
Seite 39 und 66: Eliot (Christina)
Seite 39 und 106: Preta (Kerry)
Seite 41: Cleo (Bobbi und Stephen)
Seite 41, 71, 76 und 125: Meemz und d Boswell (Helen und Lucia)
Seite 49: Lincoln (Bobbi und Matthew)
Seite 49 und 122: Smokey und Dexter (Linda und Larry)
Seite 50: Durkadurkadurkadurka (Annie)
Seite 53 und 120: Owlbert (Poliana)
Seite 60, 78, 80 und 104: Abstract Cat und Inky Dink (Dustin)
Seite 65 und 97: Claude (Alex)
Seite 68: Harper Lee (Lisa)
Seite 72: Chops und Corn (dog) (Kay)
Seite 75: Stevie (Megan)
Seite 95: Oliver (Barry und Gina); Bootsie (Eleanor und Peter)
Seite 95, 121 und 123: Ronnie (Christine)
Seite 108: Mewmerz (Kristina)
Seite 113: Wally (Ilana und Jed)
Seite 115: Ist Ihre Katze bereit für eine Nahaufnahme? Astrid (Sarah)

IMPRESSUM

ISBN 978-3-8493-0352-5

1. Auflage 2014

© für die deutschsprachige Ausgabe:

WALDE+GRAF bei METROLIT

Metrolit Verlag GmbH & Co. KG, Berlin

Die englischsprachige Originalausgabe erschien 2014 bei Quirkbooks

Copyright für die englischsprachige Ausgabe:

© 2014 by Quirk Productions, Inc.

First published in English by Quirk Books Philadelphia, Pennsylvania, USA

www.quirkbooks.com

Übersetzung:

Clara Mihr

Covergestaltung und Satz:

Bon Bon Büro, Berlin

Druck und Bindung:

CPI books GmbH, Ebner & Spiegel Ulm

www.metrolit.de

$$$

SIND SIE BEREIT, KASSE ZU MACHEN?

**AUF QUIRKBOOKS.COM/CELEBRITYCAT FINDEN SIE DIE
NEUESTEN NEUIGKEITEN ÜBER KATZENMANAGEMENT
UND -DARBIETUNG, INKLUSIVE BRANDAKTUELLER
MELDUNGEN ZU LIZENZVERGABE, VERTRÄGEN,
STELLVERTRETERRECHTEN UND MEHR.**

**SIE KÖNNEN DORT
EIN INTERVIEW MIT DER AUTORIN UND DEM
FOTOGRAFEN LESEN**

**BILDER IHRER EIGENEN KATZEN-BERÜHMTHEIT TEILEN
SICH MIT ANDEREN FACHLEUTEN FÜR
KATZEN-BERÜHMTHEITEN AUSTAUSCHEN
UND VIELES, VIELES MEHR!**